KB215450

철학자의
설득법

철학자의
설득법

지성과 감성을 흔드는 소피스트 수사학

안광복 지음

어크로스

✳ **차례**

02
Listening
감정을 다독이고 핵심을 파악하는 듣기의 기술

03
Speaking
결론을 만드는 대화의 기술

04
Writing
설득력을 키우는 12가지 글쓰기 비법

소피스트의 재발견

1

"만약 자네가 내 강의에 들어온다면 말이야, 수업을 듣고 집에 갈 때 벌써 더 나은 사람이 되어 있을 걸세. 그다음 날도 마찬가지지. 매일매일 그대는 점점 더 나아지게 될 거야."(《프로타고라스Protagoras》, 318a)

유명한 소피스트였던 프로타고라스의 말이다.

나는 소크라테스Socrates의 대화법elenchus 연구로 박사 학위를 받았다. 소피스트들의 '논쟁술eristike'과 '소크라테스 대화법'의 차이를 밝히는 연구였다. 또한 나는 20년 가까이 철학교사로 일하고 있다. 실생활 속에서 이론을 적용하고 펼치는 '임상臨床 철학자'인 셈이다.

교사가 된 후 지금까지 말하고 쓰기를 배우고자 하는 '수요'는 한 번도 줄어든 적이 없다. 나는 아침부터 저녁까지, 심지어 주말 오후에 이르도록 쉴 틈 없이 찾아오는 학생들을 가르치고 상담한다.

고대 그리스 시대 소피스트는 '인기 직종'이었다. 소피스트란 지금의 법률가, 지식인, 논술 강사를 합쳐놓은 듯한 직업이다. 민주주의 사회는 토론과 설득으로 굴러간다. 당연히 말 잘하는 능력이 중요할 수밖에 없다. 소피스트들은 말 잘하는 법을 지도하여 큰 돈을 벌었다.

이 점은 우리 사회도 다르지 않다. 민주주의가 뿌리내린 곳에서는 말 잘하고 글 잘 쓰는 이들이 대접받을 수밖에 없다. 논술 학원, 스피치 학원들이 왜 성업盛業 중이겠는가. 법학전문대학원에서도 논리를 제대로 펼치고 따지는 법을 공들여 배운다.

2

나는 늘 '소크라테스 같은 철학자'가 되기를 원했다. 그러나 나의 일상은 소피스트에 가깝다. 세상은 철학교사인 나에게 '가치 있는 삶' 보다 '설득력 있게 말하고 쓰는 법'을 일러주기를 원한다.

하긴 소크라테스도 당시에는 '특이한 소피스트' 정도로 여겨졌던 듯싶다. 소크라테스야말로 '설득의 달인'이었다. 소크라테스 주변에는 그이의 말본새를 흉내 내는 젊은이들로 가득했다. 아리스토파네스Aristophanes는 희극 〈구름Nephelai〉에서 소크라테스를 유명한 소피스트로 풍자하며 야유를 보낸다. 소크라테스에 대한 고발에도 "약한 주장을 강한 주장보다 더 그럴싸하게 만들며, 젊은이들을 타락시킨다"는 내용이 들어 있다. 소피스트들이 받았음 직한 비난이다.

사실 소피스트와 소크라테스의 '기술'은 큰 차이가 없어 보인다. 그러나 지향하는 목표에 있어 이 둘은 완전히 다르다. 똑같은 부엌칼이라도 요리사가 쓸 때는 요리 도구이지만 강도가 쓸 때는 흉기가 된다. 소피스트 수사학은 '철학자의 기술'이 될 수도, '출세를 위한 언어의 기술'이 될 수도 있다. 책의 제목을 '철학자의 설득법'이라고 붙였으면서도 부제副題에는 '소피스트 수사학'을 넣은 이유다.

3

어떤 분들은 나에게 제안하기도 했다. 소피스트들은 수사학修辭

學, 즉 레토릭rhetoric의 전문가들이다. 앞서 소개한 프로타고라스Pro tagoras 등 기록으로 전해오는 소피스트들만 해도 숱하게 많다. 이들의 가르침을 체계적으로 일러주는 '매뉴얼'은 왜 없는가? 소피스트들의 기술을 담은 말하기, 글쓰기 지도 매뉴얼을 만들면 크게 도움이 되지 않을까? 상업적으로도 성공하고 말이다. 소피스트 수사학을 연구한 당신이 소피스트 설득술에 대한 책을 써보면 어떻겠는가?

나는 이 제안에 고개를 저었다. 소피스트 수사학을 모르고 하는 소리이기 때문이다. 사실 소피스트들의 대화 기술이 담긴 문헌은 적지 않다. 조금만 발품을 팔면 아리스토텔레스Aristoteles의 《수사학》, 《소피스트적 논박Sophisti Elenchi》같이 소피스트의 논법을 체계적으로 정리한 책부터 플라톤Platon의 〈프로타고라스〉, 〈고르기아스〉, 〈에우티데모스Euthydemos〉같이 해당 소피스트의 말본새를 엿볼 만한 원原자료들, 조지 커퍼드Gorge Kerferd의 《소피스트 운동The Sophistic Movement》 같은 좋은 연구물들을 얼마든지 찾아볼 수 있다.

하지만 그 어떤 책을 보아도 말하기, 글쓰기에 직접 도움이 될 것 같지 않다. 이 점은 말하기, 글쓰기 교육의 특징이기도 하다. 우리나라에도 글쓰기와 말하기 교육의 광풍狂風이 분 지 어느덧 20년이 다 되어간다. 대학입시에서 논술과 구술 고사가 본격화되면서부터다. 그럼에도 글쓰기와 말하기 교육 시장을 평정한 '밀리언셀

■

11

러'는 한 번도 나온 적이 없다. 왜 그럴까?

4

설득의 기술을 익히는 데는 철저하게 '개인 교습'이 필요하기 때문이다. 골프 레슨처럼 한 사람, 한 사람을 붙잡고 자세를 고쳐주며 말본새를 가다듬어주어야 한다. 말하기와 글쓰기는 '종합예술'이다. 논리(로고스, logos)뿐 아니라 감성(파토스, pathos)과 가치관(에토스, ethos), 몸동작과 목소리 톤(혹은 문체와 필체)에 이르기까지 모든 요소가 어우러져야 제대로 효과를 낸다.

이는 결코 일반화할 수가 없다. 물론 '도입-전개-결론으로 얼개를 짜라' 등등의, 어디에나 통할 법한 기본기 정도는 '공통 모듈'로 가르칠 수 있겠다. 그러나 실전에 들어가면 1000명 학생의 사례와 문제가 모두 제각각이다. 이들 모두를 하나로 통일해서 가르칠 수 있는 방법은 없다. 소피스트 수사학을 다룬 글들이 하나같이 벙벙하고 내용 없어 보이는 이유다.

5

그렇다면 말하기, 글쓰기를 가르치는 최고의 방법은 무엇일까?

■

12

명장明匠의 기술은 책만으로 배우지 못한다. 도제徒弟들은 마이스터meister를 곁눈질로 엿보며 배운다. 신들린 듯한 솜씨를 흉내 내는 가운데 스승의 기술을 몸으로 익히는 식이다. 말하기와 글쓰기도 다르지 않다. 정말 제대로 익히고 싶다면 말 잘하고 글 잘 쓰는 사람에게 직접 배워라.

대가들은 절대 시시콜콜하게 가르치지 않는다. 대가들의 가르침은 짧지만 강렬한 '원 포인트 레슨one point lesson' 이다. 혜안이 가득 담긴 한마디를 통해 배우는 이의 길고 긴 노력은 큰 도약으로 이어진다. 자신의 수업을 들으면 "바로 당일 집에 갈 때 벌써 더 나은 사람이 되어 있을 것" 이라는 프로타고라스의 말은 이런 뜻이었을 게다.

나는 물론 대가가 아니다. 그러나 긴 세월 동안 많은 사람들을 가르치면서 나름 체득한 '노하우' 들은 있다. 이 책에는 내가 수천, 수만 명의 학생들을 만나며 했던 원 포인트 레슨들을 담았다. 옛 소피스트들에게서 익힌 기술을 시대에 맞게 재해석해서 펼치는, '현대판 소피스트 수사학 교실' 인 셈이다.

6

말하기와 글쓰기는 듣고 읽기와 짝을 이룬다. 제대로 듣지 못하는데 어떻게 말을 제대로 할 것이며, 읽기도 버거워하는 사람이 어찌 쓰기를 능숙하게 할 수 있겠는가. 책의 구성을 읽고, 듣고, 말하고, 쓰는 네 영역으로 구성한 이유다.

언어의 능력, 생각하는 능력을 기르는 과정은 산길을 굽이굽이 올라가는 것과 같다. 머리로 깨우치는 것만으로는 소용이 없다. 숱한 반복을 통해 기술이 완전히 혀와 뇌에 배어버려야 한다. 그래서 책의 내용을 조금씩 서로 반복되게 짰다. 교육학에서 이야기하는 '나선형 교육 설계'다. 나선 계단을 오르듯, 원 위치로 돌아가는 반복을 거듭하며 조금씩 높은 단계로 올라간다는 뜻이다.

7

아울러 이 책의 내용은 전부 수업을 통해 영근 것들이다. 원 포인트 레슨이었기에 처음부터 체계를 잡고 쓰지는 않았다. 그러나 단행본으로 만들기 위해서는 얼개를 짜야 했다. 글들을 엮다 보니 자꾸만 원고들이 누군가의 말본새를 설명하는 내용인 듯 여겨졌다. 1장의 내용은 셜록 홈스Sherlock Holmes를, 2장은 모모를, 3장은 윈스턴 처칠Winston Churchill을, 4장은 이태백李太白을.

나는 처음부터 이를 의도하지 않았다. 그래서 각 부의 내용을 다듬으면서 마음속에 떠오르는 인물들을 공들여 지웠다. 오류가 있

14

을지 저어되어서다. 그래도 독자들은 내용에서 앞서 나열한 이들의 풍모를 느낄 수 있을 것이다. 언어의 달인들끼리는 뭔가 공통된 점이 있다. 소피스트가 아닌 이들에게서 소피스트 기술을 느꼈던 이유다.

끝으로, 책의 내용에는 철학, 심리학에서부터 사회학, 정치학, 경영학, 산업공학에 이르기까지 온갖 지식이 잡다하게 얽혀 있다. 말의 기술은 종합예술이다. 따라서 여러 지식이 총동원될 수밖에 없었다. 각 분야 전문가가 보기에는 어설픈 부분도 있을 듯싶다. 혹여 문제 되는 내용이 있다면 이는 나의 얕고 천박한 지식 탓이다. 언제든 좋은 충고를 부탁드린다.

2012년 가을
안광복

01
Reading

세상을
읽는
뷰파인더를
바꾸다

* 셜록 홈스의 읽기 기술?

로버트 라우센버그Robert Rausehenberg의 〈화이트 페인팅White Painting〉
은 숱한 논란을 불렀다. '아무것도 그려 있지 않은 캔버스'였기 때문이
다. 음악가 존 케이지John Cage의 《4분 33초》라는 곡 또한 그랬다. 피아
노 앞에 앉은 연주자는 건반을 두드리지 않았다. 피아노 뚜껑을 닫았다
열고, 다시 닫았을 뿐이다. 그러곤 당혹한 청중들을 앉혀둔 채 나가버
렸다. 존 케이지는 말했다. 4분 33초 동안 연주회장에 울리던 창밖의
바람소리, 천장을 두드리던 빗소리, 관객들의 웅성거림이 바로 '음악'
이었다고.
라우센버그의 그림과 《4분 33초》는 우리에게 많은 생각거리를 안긴다.
"아는 만큼 보인다"는 말은 유홍준의 명언이다. 나아가 우리는 "아는 대
로 보기도 한다." 캔버스가 걸려 있으면 으레 그 안에 무언가 그려져 있
을 것이라 기대한다. 연주회에서는 악기의 소리가 들릴 때까지 기다린
다. 이처럼 우리는 주어진 틀에 따라 보고 듣고 받아들인다. 라우센버그
와 케이지는 이 '틀'을 깨버린 셈이다.
우리의 '이해'도 그렇지 않을까? 우리는 세상을 있는 그대로 보지 않는
다. 예를 들어보자. 횡단보도에서 빨간불을 볼 때 누구도 '빨간색 전구'
라는 '사실'만을 받아들이지 않는다. 이를 사람들은 '멈춰 서라'는 뜻으
로 '이해'한다. 모든 이해는 상황과 맥락 속에서 이루어진다.
이 부에서는 '읽기'를 다룬다. 읽기는 매우 적극적인 활동이다. 이해를

위해서는 맥락을 파악하고 아는 지식을 끌어들여야 한다. 이 가운데 이해는 오해가 되어버리곤 한다. 몸에 익은 방식을 바꾸기는 어렵다. 익숙한 '편견'은 새로운 사실을 '으레 그런 것'으로 넘겨짚게 만든다. 공포와 분노 등으로 감정이 흔들리는 상황은 또 어떤가. 불안한 마음은 해법을 조급하게 찾으려 한다. 그래서 충분한 이해 없이 성마르게 보고 싶은 것만 보며 이해를 꿰맞춘다.

읽기가 갖추어야 할 기본 덕목은 '객관성'이다. 있는 그대로 받아들이고 이해해야 한다는 뜻이다. 나아가 절망 가득한 곳에서 희망을 읽는 능력도 필요하다. 명탐정 셜록 홈스는 남들이 보듯 현장을 보지 않는다. 그는 냉철하게 논리를 따져 숨은 단서를 읽어낸다. 그리고 상황을 다르게 해석하며 문제를 풀 희망을 찾는다.

이 부는 '셜록 홈스의 읽기 기술'이라고 제목을 붙여도 좋겠다(물론, 어디에도 셜록 홈스를 직접 소개하지는 않았다). '객관적으로 세상을 읽을 수 있는 능력, 그리고 대안을 위한 희망 톺아내기.' 지금부터 설명하려는 읽기 기술의 고갱이는 이 한마디로 요약될 수 있겠다.

1

객관적으로 세상을 보는 기술
'의미 과잉'에서 벗어나기

조선의 선비들은 거미를 아주 싫어했다. 거미는 자기 배 속에 알을 낳는다. 깨어난 새끼들은 어미를 파먹고 자라다가 세상으로 나온다. 효孝가 으뜸 덕목이었던 선비들에게 어미를 잡아먹는 거미의 습성은 여간 끔찍한 것이 아니었다. 그래서 보는 족족 거미줄을 거두어냈다고 한다.

하지만 자연은 도덕에 무관심하다. 사마귀 암컷은 짝짓기가 끝나자마자 지아비를 씹어 먹는다. 배고픈 돼지는 자기 새끼도 잡아먹는다. 이런 모습을 보고 욕해봤자 아무 소용이 없다. 거미도, 사마귀도, 돼지도 타고난 본성에 따라 살아갈 뿐이니까. 자연을 도덕의 잣대로 바라본 순간, 인간은 애꿎은 생명들만 위기로 몰아넣는다.

남들도 자기처럼 생각하고 움직이리라는 생각은 인간의 오래된

21

착각이다. 예를 들어보자. 천둥 번개를 보고 원시인들은 "하늘이 화났나 보다"며 전전긍긍했다. 홍수나 가뭄 등 나쁜 일이 계속 닥치면 임금은 머리를 풀고 하늘에 용서를 구했다. 어린 짐승을 잡아 속죄하는 의식은 세계 어디서나 볼 수 있는 모습이었다.

그러나 엎드려 빈다고 홍수와 가뭄이 해결되지는 않는다. 문제를 풀려면 도덕의 잣대에서 벗어나야 한다. 자연에는 원인과 결과만 있을 뿐, 인과응보는 없다. 우리의 잘잘못에 따라 상을 주고 벌을 내리지는 않는다는 뜻이다. 과학의 위대함은 여기에 있다. 자연을 인간처럼 대하지 않고, 있는 그대로 바라보고 해석한다는 점 말이다.

인간은 의미를 찾는 동물이다. 무슨 일이건 자신에게 무슨 의미가 있는지를 따져 묻는다. 이는 때때로 엄청난 재앙을 가져오기도 한다. 자기 믿음에 따라 세상을 속 좁게 바라보는 까닭이다. 제2차 세계대전 때 일본 군대는 정신력을 유난히 강조했다. 기관총과 폭탄을 앞세운 미군에게 대나무 창과 참호로 맞서기까지 했다. "신이 지키는 대일본제국은 절대 지지 않는다"는 믿음 탓이었다. 막판에 몰린 히틀러Adolf Hitler는 그저 펼쳐놓은 지도만 보고 명령을 내렸다고 한다. 지푸라기라도 잡고 싶은 처지에 몰리면 사람은 눈을 감고 자기 신념에만 매달리기 쉽다. 모든 것에서 의미를 찾고 해석을 내리려는 '의미 과잉'은 그래서 무섭다.

그렇다면 어떻게 해야 객관적으로 세상을 바라볼 수 있을까? 무슨 일에 대해서건 좋은지 나쁜지, 옳은지 그른지부터 따져서는 안 된다. 사실 자체부터 온전하게 밝히고 드러내야 한다.

먼저 감정과 평가를 담은 말들부터 걷어내보자. "어떤 어려움이 닥치더라도 100년을 이어온 우리 회사를 지켜야 합니다"라는 말을 들었다고 해보자. 여기서 먼저 생각할 점은 회사를 지켜야 한다는 마음가짐이 아니다. 회사를 과연 지킬 수 있는지부터 따져보아야 한다. 어려움에 빠진 이유는 무엇인지, 현실적으로 이를 이겨낼 방법은 무엇인지를 밝혀보자. 얽히고설킨 원인과 결과가 분명하게 드러난 순간, 문제를 풀 길도 보이기 시작한다.

둘째, 내가 바라는 바가 무엇인지를 분명하게 정리하자. 사람들은 자기가 바라는 것만 보고 믿으려 한다. 절절한 바람 앞에서 우리의 판단은 자석에 끌리듯 휘어버린다. 의심 가는 점이 99퍼센트인데도 나에게 절실한 1퍼센트 때문에 판단이 흐려진다. 사기꾼들은 이 점을 이용한다. 또한 소망이 클수록 결정이 잘못될 가능성도 커진다. 부자가 되고 싶은가? 짧게 공부하고도 좋은 성적을 내고 싶은가? 사랑하는 이의 마음을 얻고 싶은가? 내가 바라는 바가 무엇인지를 분명하게 바라보자. 판단이 잘못되고 흐려지는 근본에는 욕심이 숨어 있다. 자신의 욕망을 분명하게 의식하고 있다면 어지간한 유혹에도 흔들리지 않는다.

■

셋째, 일어날 수 있는 최악의 결과를 뚜렷하게 정리해보자. 무서움은 위험이 어느 정도인지 알 수 없을 때 가장 큰 법이다. 나아가 막연한 두려움은 조급함을 낳는다. 불안에서 빨리 벗어나고 싶은 나머지 성급하게 어처구니없는 결정을 내린다는 뜻이다. 반면 밑바닥까지 내려가본 사람들은 좀처럼 움츠러들지 않는다. 마음속 공포가 무엇인지를 뚜렷하게 한다면 마찬가지의 담대함을 얻을 수 있다.

장기의 고수高手들은 자기 말보다 상대편 말을 바라본다. 경지에 오른 이들은 판세가 자기 바람대로 흘러가지 않는다는 사실을 너무도 잘 안다. "지피지기면 백전백승"이라는 충고는 괜한 말이 아니다. 자신의 바람과 두려움에 휘둘리지 않고 세상을 객관적으로 바라보는 데는 용기가 필요하다.

: : 더 생각해보기
다음은 사람들의 판단을 흐리는 주장들이다. 문제가 무엇인지 짚어보자.

1 "이번 유조선 충돌은 부주의한 실수가 빚어낸 어처구니없는 사건이었습니다."

2 "매달 3만 원만 투자하시면 주택 마련의 꿈을 이루실 수 있습니다."

3 "지금도 늦었어요. 만약 지금 즉시 수강신청을 하지 않으시면 자녀가 경쟁에서 뒤질 수밖에 없어요."

판단을 뒤트는 가장 큰 원인은 감정에 있습니다. 올곧은 결론을 내리려면 일단 감정을 자극하는 표현부터 걸러내야 합니다. 또한 자신의 욕망에 바람을 불어넣는 부분을 정확히 추려내야 하고, 자신이 두려워하는 바가 무엇인지도 분명하게 알아야 합니다. 욕망과 두려움은 객관적인 판단을 어렵게 하는 가장 큰 원인이니까요.

■

2

콤플렉스 탈출은 근거 찾기에서부터
세뇌 논증에 대응하기

몸 크기가 2밀리미터에 불과한 벼룩은 20센티미터 높이까지 점 프를 할 수 있다. 자기 몸의 100배 가까이 뛰어오르는 셈이다. 하지만 벼룩을 납작한 컵 안에 며칠간 가두어보자. 컵을 치우면 어떻게 될까? 컵이 사라졌어도 벼룩은 컵의 높이 이상으로 뛰어오르지 못한다.

우리 일상에서도 이 같은 경우가 적지 않다. 왕따 같은 학교 폭력, 매 맞는 아내 문제 등등. 직업과 거주지 선택이 자유로운 현대 사회에서 어떻게 그토록 고통받으면서도 도망치거나 신고할 생각을 못할까?

이유를 찾기란 어렵지 않다. 학대와 실패를 반복적으로 당한 사람은 객관적으로 상황을 바라보는 능력을 잃어버리기 쉽다. 어린 시절부터 자신을 억누르고 괴롭혔던 사람에게 쉽사리 대들지 못하는 까닭 역시 여기서 찾을 수 있겠다.

논리학에서는 이를 '세뇌 논증brainwash argument'이라고 한다. '세뇌洗腦'란 '뇌를 씻는다'는 뜻으로 세뇌 논증은 말 그대로 생각을 하얗게 지워버려서 판단을 마비시켜버리는 논증을 말한다. 이는 아무 비판 없이 무조건 주어진 상황과 주장을 따르게 한다. 어떻게 그럴 수 있을까?

세뇌 논증의 원리는 독재국가들을 보면 금방 깨달을 수 있다. 독재하는 나라들은 예외 없이 '구호 천국'이다. 거리는 독재를 찬양하는 문구들로 넘쳐나고 독재자의 사진도 어디에나 걸려 있다. 뉴스 프로그램조차도 항상 그의 소식을 전하는 것으로 시작한다. 반복하고 반복하라. 사람들의 판단력을 없애고 통치의 부당함을 잊게 하는 데는 반복만큼 효과적인 것도 없다. 세뇌 논증이란 이렇게 집요한 반복을 통해 사람들의 생각을 자신이 원하는 쪽으로 틀어가는 기법이다.

불법 다단계 판매에서의 설득 원리 또한 세뇌 논증에 다름 아니다. 불법 다단계 업체들의 '설득 노하우'는 '집중과 반복'이다. 이들에게 합숙은 기본이다. 몇 날 며칠 공동생활을 통해 똑같은 이야기를 듣다 보면 처음의 의심은 어느덧 믿고 싶은 기대로 바뀌기 쉽다. 급기야 포섭된 사람들은 "성공할 수 있다"는 강한 확신을 갖고 업소 문을 나서게 된다.

세뇌 논증은 일상에서도 널리 쓰이는 설득 기법이다. 광고 역시 세뇌 논증을 이용한 기법이라고 볼 수 있다. 광고에서는 얼마나 자주 사람들에게 '노출'되는지가 얼마나 호소력이 있는지만큼이나 중요하게 여겨진다. 환경 파괴가 심한 제품도 '자연의 힘', '자연의 목소리' 등등의 문구와 결합된 광고를 반복하다 보면 해로움이 쉽사리 잊히기 마련이다.

세뇌 논증이라고 해서 무식하게 반복만 거듭하지는 않는다. 세뇌에는 항상 그럴 듯한 '무대장치'가 따라붙기 마련이다. 사이비 종교일수록 현란하고 장엄한 분위기에 집착하고, 뒤가 구린 지도자일수록 온갖 화려하고 멋있는 꾸밈말들이 넘쳐나기 쉽다. 의심스러운 집회일수록 사람들이 얼마나 많이 모이는지에 조바심을 내는 법이다. 고급 차를 몰고 점잖은 외모에 지적인 말투를 쓰는 사람의 논리는 더벅머리에 꾀죄죄한 복장을 하고 촌스러운 어투로 말하는 이들의 주장보다 더 그럴싸하게 들린다. 이른바 분위기로 점수를 따고 들어가는 효과, 즉 *'후광효과'란 이를 가리키는 용어다.

세뇌 논증에 말려들지 않으려면 어떻게 해야 할까? 세뇌의 원리를 거꾸로 거슬러 올라가면 된다. 사람에게는 누구나 논리 본능이 있다. 무엇에 대해서건 "왜 그렇지?" 하고 물으며 납득할 만한 이유를 찾으려는 습관 말이다. 이를 마비시키려는 시도가 세뇌 논증이다. 그러니 당연한 듯한 주장에도 "왜 그렇지?", "왜 내가 그 주장을 받아들여야 하지?" 하고 때때로 되묻는 습관을 지니도록 하자.

일상생활은 가장 중독성 강한 '세뇌'이기 쉽다. 오랜 세월 되물음 없이 당연하게 받아들여왔기 때문이다. 콤플렉스 역시 나 자신에게 반복한 세뇌 논증의 결과라고 할 수 있다. 실패와 망신에 대한 경험이 스스로를 옥죄고 있는 것이다. 자신의 콤플렉스에 대해 물음을 던져보자. 왜 두려운지, 왜 남들이 '그것'을 지적하기만 하면 화부터 나는지를 차분히 짚어보자. "왜 그렇지?"라는 물음은 콤플렉스에서 벗어나는 지름길이기도 하다.

혹시 주변에 자기를 괴롭히는 사람이나 사건이 있는가? 그렇다면 "왜 내가 저 친구에게 상처를 받아야 하지?", "왜 나는 이 사실을 다른 사람들에게 알리면 안 되지?" 하고 되물어보자. 세뇌 논증의 위력은 당하는 자의 침묵 속에서 발휘된다. 입을 열고 "왜 그렇지요?" 하고 묻는 순간 세뇌 논증은 힘을 잃기 시작한다.

물론 세뇌 논증과 콤플렉스에서 벗어나는 데는 세뇌 논증만큼
이나 긴 세월과 꾸준한 논리 훈련이 필요하다. 하지만 극복할 수
없는 것은 아니다. 천 리 길도 한 걸음부터다. 두렵더라도 "왜 그
렇지?" 하고 물으며 답을 찾도록 하라. 그럴수록 나의 정신은 두려
움과 오해를 몰아낼 만큼 강해진다.

: : 더 생각해보기

자신을 짓누르는 일상의 믿음들을 떠올려보자("남자는 절대 눈물
을 흘려서는 안 된다", "선배에 대한 반항은 '죽음'이다" 등등). 그리고
"왜 그렇지?"라고 묻고 여기에 대한 답을 찾아보자.

'왜?'라는 물음은 오랜 마음의 병을 벗는 출발점입니다. 물론 오랜 세
월 반복되어 주입된 '편견'은 하루아침에 사라지지 않습니다. 하지만
생각 없이 받아들이는 습관에서 벗어나 논리를 작동하는 순간 편견으
로 굳어진 세뇌 논증은 깨지기 시작합니다. 자신을 괴롭히는 믿음에
대해 이유를 찾고, 과연 제대로 된 것인지를 물어봅시다. 정당한 이유
가 없는 믿음은 '왜?'라는 물음 앞에 속절없이 무너지고 맙니다. 권력
자들이 소크라테스를 두려워했던 이유가 여기에 있습니다. 그는 존경
받는 이들에게 진짜 존경할 만한 이유가 있는지, 정의롭다고 믿어지는

사람이 과연 정의로운지를 끊임없이 묻고 다녔기 때문입니다. 정당한 근거 없는 믿음은 결국 사람들의 영혼과 사회를 병들게 할 뿐입니다. '왜?' 라는 물음은 편견을 고치는 치료제입니다.

3

편견과 판단의 갈림길
범주 적용하기

갓 태어난 아이는 엄마 얼굴을 알아보지 못한다. 아이는 얼굴이 아닌 알록달록한 한 무더기 색깔들만을 볼 뿐이다. 보고 또 보고를 반복해야 아기는 비로소 그 색채 무리가 '얼굴'이라는 사실을 알게 된다.

어른도 마찬가지다. 한 번도 양을 보지 못한 이는 양처럼 생긴 구름을 보고 "양처럼 생겼다"고 말할 리 없다. 우리는 있는 그대로의 세상을 보지 못하며, 이미 갖고 있는 머릿속 틀에 따라 세상을 바라보고 해석한다. 철학에서는 이 틀을 '범주category'라고 불렀다.

범주에는 여러 종류가 있어서 우리는 그때그때 알맞은 것을 골라 적용하곤 한다. 고등학교에 입학했을 때는 XX중학교, OO중학교라는 범주가 크게 다가온다. 아무래도 같은 학교를 나온 급우를 만날 때 더 마음이 놓이기 때문이다. 고등학교에 어느 정도 익숙해지면 친구의 범주는 더 쪼개지기 마련이다. '축구를 좋아하는 친구와 싫어하는 친구', '성적이 나와 비슷한 아이와 그렇지 않은 아이' 등등으로 말이다.

범주는 설명의 역할도 떠맡는다. 영희가 짝꿍인 재영이를 반 아이들에게 소개한다고 해보자. "재영이는 여자이고 우리와 같은 반이야"라고 하면 어떨까? 이때는 '여자와 남자', '같은 반과 다른 반'이라는 범주는 별 의미가 없다.

나아가 우리는 일상에서 엉뚱한 범주를 자꾸만 끌어들이곤 한다. 건설 노동자를 뽑을 때 그가 백인인지 흑인인지 하는 범주가 과연 의미 있을까? 버스 운전기사를 뽑는 데 남자와 여자라는 범주를 쓴다면 또 어떨까? 현실에서 이런 분류는 위력을 발휘한다. 흑인은 힘이 세고 여자는 직업 운전사로는 적절하지 않다는 생각이 사회에 뿌리내린 탓이다. 물론 흑인보다 튼실한 백인도 많고 레이서racer 수준의 여자 운전자도 많다. 이렇듯 잘못된 범주가 바로 '편견'이다.

편견은 나름대로 쓸모 있기 때문에 현실에서 좀처럼 사라지지 않는다. 신경과학자 알폰소 르나르Alfonso Renart는 판단이란 "나름의 방식으로 필요 없는 정보를 잃는 일"이라고 말한다. 수십 가지의 상품 중에서 하나를 고를 때 '일본 제품은 후진국 물건보다 믿을 만하다'라는 범주는 고민거리를 덜어준다. 편견은 이렇듯 오랜 기간 나름대로 '검증(?)'된 결과로 만들어진다. 그래서 설사 옳지 못하다 해도 이를 따를 때 잘못 선택할 위험은 더 낮아질 듯한 안도감을 준다.

국가인권위원회는 피부색이나 나이, 성별 등에 따른 차별을 엄격하게 금지하고 있다. 잘못된 편견에는 그에 따른 문제가 이어지는 까닭이다. '여자는 군인으로 적절치 못하다'는 생각은 여자가 군문軍門에 들어설 기회를 좁혀놓는다. 그러다 보면 여자 군인은 더욱더 적어진다. 군대 내에서 여자가 더 잘하는 일의 비중도 점점 낮아질 것이다. 또한 삐뚤어진 시선은 자신을 그 시선 속 모습대로 만드는 *'자기 충족적 예언'으로 작용한다. 그러니 사회가 나서서 편견이 되어버린 범주를 바로잡으려 하는 것이다.

> **자기 충족적 예언**self-fulfilling prophecy 자기 자신에 대한 생각과 믿음이 '예언'처럼 작용하여 자신의 모습을 바꾸는 현상을 일컫는 말이다.

하지만 "왕후장상王侯將相의 씨는 타고나는 게 아니다". 상황이 바뀌면 사람도 달라진다. 바꿀 수 없는 본질 따위가 있다고 믿는 한, 차별과 불만만 생길 뿐이다. 골프는 백인에게 알맞은 운동으로 여겨졌다. 그러나 정작 골프 황제는 흑인 타이거 우즈Tiger Woods

아닌가. '흑인', '백인' 등의 범주를 어디서나, 어떤 상황에서나 다 통하는 본질로 여겨서는 안 된다. 골프에서는 장타 능력, 육상에서 는 달리기 속도 등등으로 상황에 따라 다른 범주를 끌어 쓸 수 있 을 때 판단은 정교하고 정확해진다.

나아가 항상 머릿속 생각보다는 사실 자체에 주목해야 한다. 《아부의 기술You're Too Kind》의 저자 리처드 스텐걸Richard Stengel은 칭찬도 현실에 바탕을 두었을 때 효과를 낸다고 말한다. 예컨대, "이번 과학 숙제는 정말 명쾌하고 훌륭했어"라는 말은 정말 고래 도 춤추게 만드는 칭찬이다. 그러나 "아빠 엄마가 다 훌륭한 사람 이니 너도 잘할 거야"라는 기대는 때로 먹먹한 부담으로만 다가 온다.

비난할 때도 마찬가지다. "외국물 오래 먹었다고 우리 문화를 업신여기면 못써"라고 비판하기보다는 "젓가락을 포크처럼 쓰는 일은 올바르지 못해"라며 문제되는 사실을 지적하라. 범주는 구체 적으로 적용될수록 설명력과 치유력이 높아진다.

사람들은 누구나 범주라는 안경을 쓰고 세상을 바라본다. 범주 가 제대로 되었는지 아닌지에 따라 편견과 차별은 춤을 춘다. 추상 적인 본질에 기대지 말고 구체적인 상황과 사실에만 주목하자. 그 럴수록 판단은 정교하고 정확해진다.

.

:: 더 생각해보기

다음 사례들에 대해 토론해보자.

1 A대학 국제학부에서는 학생들을 선발할 때 SAT(미국 대학수학능력 시험), 토플, 토익 성적 등에 중점을 두어 평가하고 싶어 한다. 교육 과학기술부는 이에 난색을 보인다. 사교육을 부추길 우려가 있다는 이유에서다. 그렇다면 영어로 수업을 진행하는 국제학부에서 우수 학생을 뽑는 데 요긴하게 적용할 범주에는 어떤 것이 있을까?

2 스포츠카 회사 포르쉐가 SUV(스포츠 다목적 차량)를 생산하기로 했을 때 미국에서는 소비자들의 비난이 빗발쳤다. 미국에서는 한때 SUV가 교육에 극성인 엄마들이 많이 모는 차로 여겨졌던 탓이다. 젊고 날렵한 이미지를 바라던 소비자들은 자신이 그런 엄마들과 같은 부류로 여겨지게 된다는 점이 속상했던 것이다. 여기서 문제는 무엇일까?

범주를 제대로 골라 적용하는 능력은 하루아침에 길러지지 않습니다. 각각의 상황에 쓰인 범주가 무엇이고, 과연 올바른 것인지 진지하게 토론해봅시다. 법관들이 판결을 내리는 과정도 이와 다르지 않습니다. 똑같은 일도 어떤 범주로 바라보는지에 따라 판결은 완전히 달라지기 마련입니다. 예컨대, '대형 할인점의 영업시간 제한 조치' 같은 경우

.

를 떠올려보세요. '평등'의 범주에서는 이런 조치가 그럴싸해 보입니다. 중소 상인들과 대형 할인점이 다윗과 골리앗같이 차이 나는 상황에서 서로 경쟁하게 하려면 둘의 처지를 얼추 맞추어주어야 하기 때문입니다. 그러나 '자유'의 범주에서는 제한 조치가 부당하기 짝이 없습니다. 자기 능력껏 '자유롭게' 노력하는 것을 왜 막는다는 말입니까? 어떤 상황에서 어떤 범주를 적용하는 것이 '합리적'일까요? 적절한 범주를 골라 객관적으로 판단하는 능력은 나와 생각이 다른 사람들과 이성적으로 대화를 나누는 과정에서 길러집니다. 각 주제에 대해 20분 이상 서로 이야기해봅시다.

■

4

관련 있는 사실이 모두 원인은 아니다

일치법으로 원인과 이유 찾기

사람들은 대부분 솔직한 충고보다 아부에 마음이 끌린다. 속살을 건드리는 조언을 하기가 늘 저어되는 이유다. 하지만 환자가 쓴 약을 싫어한다고 사탕만 먹일 수는 없는 노릇이다. 문제를 제대로 풀려면 원인이 무엇인지를 정확하게 짚어주어야 한다. 마음속 기대와 바람 때문에 고된 현실을 바라보는 것이 주저되더라도 말이다.

예를 들어보자. 2000년대 초반 미국의 범죄는 줄어들기 시작했다. 학자들은 그 이유를 경제 사정이 나아졌다거나 경찰의 숫자가 늘어났다는 사실 등등에서 찾곤 했다. 모두가 고개를 끄덕일 만한 상식적인 해답들이다. 하지만 경제학자 스티븐 레빗Steven D. Levitt은 엉뚱해 보이는 진단을 내놓았다. 범죄자가 적어진 진짜 원인은 1973년에 실시된 '낙태 합법화'에 있다는 것이었다. 그의 설명은 이랬다. 부모가 형편이 어려우면 아이를 제대로 돌보기 어렵다. 이런 상황에서 자란 아이일수록 범죄자가 되기 쉽다. 낙태가 합법화되자 아이를 키우기가 버거운 사람들은 아이를 낳지 않게 되었다. 때문에 이 무렵에 태어난 아이들이 성인이 된 2000년대에는 범죄를 저지를 만한 이들의 숫자가 훨씬 줄어들었다는 것이다.

레빗의 해석은 미국 안에서 뜨거운 논란을 일으켰다. 그럼에도 이미 있었던 해석들은 레빗의 주장보다 설득력이 떨어진다. 지금의 러시아처럼 경제가 활기차게 돌아가도 범죄가 활개치는 경우도 많다. 독재국가에서는 경찰 수가 많지만 범죄도 못지않게 많다. 그렇다고 해서 레빗의 결론을 선뜻 받아들이기는 어렵다. 가난한 사람들을 업신여기는 듯하여 영 마음이 편치 않은 까닭이다.

이때 통계학의 '회귀분석regression analysis'은 문제를 짚어내는 데 도움을 준다. 회귀분석이란 수치를 통해 잘 드러나지 않는 관계들을 밝혀내는 방법이다. 예컨대, 눈이 오면 날씨가 춥고 날이 더우면 눈은 내리지 않는다. 이처럼 눈과 추위는 관련이 높다. 반면, 낮인지 밤인지, 가로등이 있는지 없는지는 눈이 내리고 안 내리고에 큰 영향을 끼치지 않는다.

회귀분석은 여러 사실 중에서 결과와 꼭 들어맞는 사실들을 짚어준다. 이를 논리학에서는 '일치법'이라고 한다. A, B, C, D가 들어 있는 약과 B, C, D로 만든 약, A, C, D가 들어 있는 약을 먹은 사람이 있다고 해보자. 첫 번째와 세 번째 약을 받은 사람만 병이 나았다면 약효가 있는 성분은 무엇일까? 당연히 A다. 일치법은 특정한 현상이 일어난 사례들에서 공통으로 나타나는 요소를 추려 내어 현상에 대한 원인으로 삼는 방법이다.

일치법은 상식적일뿐더러 매우 단순하다. 그러나 간단한 만큼 실수와 편견에 휘둘리기도 쉽다. 보충 수업을 많이 들은 학생이 좋은 성적을 받았다고 해보자. 이 둘의 관계가 꼭 보충 수업이 성적을 끌어올렸다는 사실을 입증하지는 않는다. 공부를 잘할수록 수업에 관심이 많은 법이다. 혹시 공부를 잘하니까 보충 수업도 많이 듣게 된 것은 아닐까? 일치법은 두 개 사실이 서로 관계 있음을 보여주지만 어느 하나가 다른 것의 '원인'임을 증명해주지는 못한다.

그럼에도 관계를 원인으로 착각하는 데서 뿌리 깊은 편견이 만들어진다. 《베니스의 상인》에 등장하는 유대인의 모습이 그렇다. 유대인들 중에는 상인이 많았다. 워낙 장사하는 사람이 많았으니 유대인 가운데 악독한 상인이 있었을 가능성도 높을 수밖에 없다. 그럼에도 꼬여가는 세상의 눈은 '유대인이므로 악덕 상인'이라는 편견을 낳았다.

그렇다면 제대로 원인을 진단하려면 어떻게 해야 할까? 자신이 생각하는 원인이 있다면 이와 반대되는 사례가 얼마나 되는지 챙겨보아야 한다. 앞서의 낙태 합법화와 범죄의 관계를 돌이켜보라. 이 주장이 옳으려면 낙태가 허용된 다른 나라의 범죄율도 세월이 흐르면서 줄어들어야 맞다. 과연 그런가? 거침없이 던지는 물음표는 진실을 확인시켜준다.

다음으로, 자신이 꼽은 원인으로 비슷한 사례를 설명해보라. 미래의 범죄를 줄이기 위해서라면 낙태를 자유화해야 할까? 모든 문제에는 이유와 원인이 있지만 모든 경우에 문제를 풀기 위해 그 원인을 없앨 수 있는 것은 아니다. 광우병을 없애는 가장 확실한 방법은 모든 소를 죽이는 것이지만 이는 가능하지 않을뿐더러 바람직하지도 않다.

원인과 이유를 짚어낼 때는 사실을 있는 그대로 바라보는 차가운 눈이 필요하다. 그러나 밝혀낸 원인으로 문제를 치료할 때는 가슴에 먼저 물어보아야 한다. 빈대를 잡으려다가 초가삼간을 태우는 실수를 인류 역사는 너무도 많이 저질러왔다.

:: 더 생각해보기
다음 문제의 원인이 무엇인지 진단해보고 제대로 짚어냈는지 사람들과 검토해보자.

1 대학입시에서 수능 성적이 높은 학생이 논술고사도 잘 본다고 한다. 그 이유는 무엇일까?

2 사람들이 많은 장소에서 사고를 당하면 사람이 거의 없는 외진 곳에 서보다 주변 사람의 도움을 얻기 힘들다는 심리학자들의 연구 결과가 있다. 왜 그럴까?

3 미국의 어떤 정치학자는 감옥에 사람들이 많으면 범죄율이 높다고 주장한다. 그래서 되도록 사람들을 가두지 말아야 한다는 해법을 내놓았다. 그의 주장은 옳은가?

일치법을 이용하여 각각의 상황에 공통되는 점과 특이한 사실을 나누어봅니다. 각각의 상황에만 해당하는 특수한 사실을 드러낸 후 이것을 검토해봅시다. 여럿이서 논의를 하는 과정이 중요합니다. 검토 과정에서 각자가 가진 편견이 불거지기 마련입니다. 이를 지적하고 토론하는 과정은 세상을 보는 올곧은 시선을 갖추는 데 큰 도움이 됩니다.

5

논리 관성을 극복하라
편견 넘기

2004년 미국 정보기관들은 이라크의 생화학무기를 찾아내는 데 혈안이 되어 있었다. 마침내 그들은 사담 후세인이 화학무기를 만들고 있다는 증거를 잡아냈다. 위성 촬영 결과 무기 공장으로 추측되는 곳에서 탱크로리 차량의 이동이 엄청나게 늘어났던 것이다. 다른 정보들과 종합해보건대, 이라크가 화학무기를 개발하고 있다는 결론은 너무도 분명했다.

하지만 이라크는 화학무기를 만들지 않았다. 결국 미국은 없는 사실로 명분을 만들어냈다는 국제적인 비난을 받아야 했다. 도대체 무엇이 잘못되었을까? 미국 관리들은 탱크로리 차들을 잡아내기 위해 감시 위성의 숫자를 두 배로 늘렸다는 점을 잊고 있었다. 두 배로 자세하게 보니, 당연히 차량도 그만큼 더 낱낱이 잡혔을 것이다.

■

"조사하면 다 나와!"라는 말은 진실과 거리가 멀다. 캐고 밝힐수록 사실이 더 분명하게 드러날 듯하지만 실은 판단이 어긋날 가능성도 같이 커진다. 왜 그럴까? 사람은 보아야 할 것보다 보고 싶은 것을 보려 하기 때문이다. 한번 틀어진 마음은 속속들이 잡히는 정보들로 살을 붙여 점점 삐뚤어진 결론으로 치닫곤 한다.

편견은 우리 마음을 지배하는 '논리 관성'이다. 달리던 차는 갑자기 멈추기 어렵다. 관성이 작용하는 탓이다. 마음도 마찬가지다. 생각에도 관성이 있어서 평소 믿음과 잘 들어맞는 정보에는 마음이 금방 쏠린다. 반면, 알고 있던 사실과 틀어져 맞지 않는 증거는 껄끄럽고 내쳐버리고 싶기 마련이다. 공정하고 합리적인 판단은 논리 관성을 극복하는 데서 나온다. 어떻게 해야 내 마음에 강하게 박혀 있는 편견을 넘어설 수 있을까?

첫째, 대조군을 정하고 제대로 살펴보았는지 따져보자. 대조군이란 무엇을 판단하기 위해 비교 대상으로 삼은 집단을 말한다. 예컨대, 야간자율학습이 과연 효과가 있는지 알려면 야간자율학습을 하는 학교만 연구해서는 안 된다. 실시하지 않는 학교도 같이 살펴보고 둘을 견주어야 제대로 판단을 내릴 수 있다. 이때 야간자율학습을 하지 않는 학교가 바로 대조군이다.

대조군 없이 하는 조사는 '마녀사냥'이 되기 쉽다. 중세 서양에서 숱하게 희생된 마녀들은 대개 평범한 여인네들이었다. 그러나 종교재판관들이 취조하기 시작하면 이내 마녀임을 증명하는 사실이 끊임없이 튀어나오곤 했다. 방 안에서 혼자 중얼거리는 일이 잦다는 둥, 밤마다 악마와 파티를 열기 위해 외출한다는 둥 말이다.

마녀라는 확신을 갖고 바라보면 모두 의심 갈 만한 증거들이다. 그러나 평범한 여느 아낙네들을 대조군으로 견주어보면 편견은 금세 가라앉는다. 혼잣말을 하는 경우는 누구에게나 있다. 밤 외출도 그렇다. 물을 긷는 등 나름의 사정 때문에 해질녘에 집을 나서는 여인도 드물지 않았을 것이다. 종교재판관들의 실수를 되풀이하지 않으려면 증거에 매달리기에 앞서 한 발 물러서서 바라보고 비교해보아야 한다.

둘째, 결단을 내림에 앞서 다른 사람들의 의견을 충분히 들어보자. 혼자만의 생각보다는 여럿의 판단이 대개 옳다. 토론이 중요한 이유는 여기에 있다. 문제를 함께 나누다 보면 미처 짚지 못했던 부분들이 드러나기 때문이다. 그러나 집단도 편견에 사로잡히곤 한다는 점을 잊어서는 안 된다. 집단의 그릇된 판단은 개인의 잘못된 의견보다 수백 배 더 위험하다. 많은 사람들이 옳다고 인정한다는 사실은 그 자체가 설득 근거가 되어 생각을 마비시키는 까닭이다. • '군중에 호소하는 오류'가 바로 이것을 말한다.

그렇다면 누구 말을 들어야 할까? '많은 사람의 이야기'가 아니라 닥친 문제에 대한 식견을 갖춘 '많은 전문가들의 이야기'에 귀

를 기울여야 한다. 나라 경제를 살릴 수 있는 지도자가 누구인지를
국민투표로 결정해도 될까? 이를 알려면 경제 전문가들에게 조언
을 구하는 쪽이 낫지 않을까? 편견에서 벗어나는 길도 마찬가지
다. 나와 마찬가지인 사람들에게 의견을 구하기보다는, 그 문제에
대해 깊고 넓은 식견을 가진 이들을 찾아가 조언을 구해야 한다.

나이 오십의 유비劉備는 갓 스물인 제갈량諸葛亮을 찾아가 세 번
이나 엎드려 도움을 청했다. 항상 나의 판단을 어그러뜨리는 논리
관성에서 벗어나고 싶다면 유비의 자세부터 배울 일이다. 자기를
굽히고 다른 의견을 받드는 일이 기분 좋을 리 없다. 그러나 진정
한 자존심은 최선의 결과에서 온다.

:: 더 생각해보기
다음의 판단이 담고 있는 문제가 무엇인지 각각 지적해보자.

1 "교육 정도가 낮은 흑인은 범죄율이 높대. 그러니까 백인들이 사는

안전한 곳으로 가자."

2 "학교 매점에서도 탄산 음료를 팔아야 합니다. 이는 전체 학생들이 원하는 바이기도 합니다."

3 수능의 난이도가 높아지면 하위권 학생들과 학부모들의 불만이 거세진다. 사교육에 더 의존해야 하는 탓이다. 그러니 수능은 쉽게 출제되어야 한다.

첫 번째 항목은 대조군을 설정하고 비교하는 문제입니다. 교육 정도가 낮은 흑인은 범죄율이 높다고 합니다. 그런데 교육 정도가 낮은 백인들은 어떨까요? 대조군을 설정하면 편견은 쉽사리 깨집니다. 실제로 미국 사회에서 교육을 적게 받은 흑인보다 백인의 범죄가 많다고 합니다. 두 번째 항목은 '전문가의 의견'에 대한 물음입니다. 단순히 많은 사람들이 원하는 사실을 따른다고 해서 좋은 결과가 생기지는 않습니다. 마지막 문항은 대중의 편견과 전문가의 견해를 동시에 가늠하는 문항입니다. 적절한 수능 난이도는 누구의 견해에 따라 어떤 측면에서 결정되어야 할까요?

·

6

배경에 주목하라
논리 응급 처치법

로마 시대 신께 기도를 열심히 한 선원들이 폭풍에서 무사히 살아남았다. 그 후로 뱃사람들은 그들의 초상화를 내걸고 자랑하곤 했다. 깊은 신앙심 덕에 살아났다고 말이다. 어느 날, 한 나그네가 갸우뚱거리며 물었다. "기도를 열심히 하고도 물에 휩쓸려 죽은 사람들의 초상화들은 어디 있습니까?" 기적을 떠벌리던 자들은 말을 이어가지 못했다. 키케로Marcus Tullius Cicero가 전해주는 이야기다.

또 한 가지 사례를 들어보자. 해마다 여름 휴가철이면 교통체증으로 난리를 치른다. 꽉 막힌 도로에서 이를 갈며 결심한다. "이놈의 피서, 또 오나 봐라." 웬걸, 다음 해에도 어김없이 휴가 행렬은 이어진다. 다짐하고 다짐해도 소용없다. 내년에도 똑같은 대가를 치르고 있을 거니까.

■

왜 이런 일이 벌어질까? 우리는 보아야 할 것이 아니라 보고 싶은 것을 본다. 그래서 솔깃한 정보에 관심을 쏟고 그 밖의 정보는 소홀하게 버려버린다. 이리저리 치이는 일상을 보내고 있을 때 여름 해변을 떠올려보라. 빛나는 태양과 바닷가의 아름다운 사람들, 시원한 바람. 이런 강렬한 추억은 차 막힘 따위를 '사소한' 것으로 가볍게 돌려버린다. 배고플 때 장을 보면 음식을 훨씬 많이 사게 된다. 배부를 때 장을 보면? 한나절만 지나도 식료품을 왜 이리 적게 샀을까 하며 투덜거릴지 모른다.

우리는 세상을 있는 그대로 바라보지 못한다. 판단은 지금의 기분에 따라 휘둘린다. 자신의 바람대로 세상을 보느라 전체를 보지 못한다는 뜻이다. 세상에는 이런 허점을 노린 전략과 속임수가 판친다. 뛰어난 장군들은 일부러 도망을 치곤 한다. 적들이 추격에 정신이 팔려 포위망 한가운데로 뛰어들도록 말이다. 상인들은 "한정판매", "오늘 하루만!"을 계속 외쳐댄다. 손님들을 다급하게 해서 '사야 한다'는 마음 한 가지에만 매달리게 하기 위해서다.

정보를 보는 눈이 좁아질수록 잘못을 범하기 쉽다. 넓게 문제를 바라보며 올곧은 판단을 내릴 방법은 없을까? 마음이 조급해지며 판단이 흐려질 때 다음의 '논리 응급 처치법'을 써보자.

첫째, 배경에 주목하자. 화가는 배경색에 신경을 많이 쓴다. 배경이 살아야 주제도 돋보이는 까닭이다. 앞서의 나그네는 '기적' 만 바라보지 않았다. 왜 사건이 기적처럼 여겨지는지 배경에 주목 했다. 그렇다면 스스로 되물어보자. 왜 어떤 이야기가 솔깃하게 다 가오는가? 혹시 내가 아쉬운 부분을 건드리고 있기 때문은 아닌 가? 이것은 단지 '예외'일 뿐인 것은 아닐까? 흐려지는 판단을 다 잡는 해법은 두드러지는 부분을 돋보이게 하는 배경에 주의를 돌 리는 것이다.

둘째, 현재는 현재와 비교하라. 우리는 흔히 현재를 과거나 미래 에 견주어서 잘못에 빠지곤 한다. 앞서의 "한정판매"와 "오늘 하루 만!"을 예로 들어보자. 지금 물건을 손에 넣지 못하면 후회할 것 같은가? 대부분은 그렇지 않다. 심리학자 대니얼 길버트^{Daniel} ^{Gilbert}는 재미있는 사례를 들려준다. 사람들은 지금 있는 장애를 치료할 때보다 앞으로 닥칠 장애를 대비하는 데 더 많은 돈을 쓴다 는 것이다. 닥치지 않은 일은 많은 기대와 걱정을 안기지만 현실이 된 일에는 담담해지는 탓이다. 설사 '한정판매'하는 물건을 손에 넣지 못한다 해도 미래의 나는 지금의 절절함을 언제까지고 느끼 지 않는다.

호젓한 산길에서 물을 파는 장사꾼을 만났다고 해보자. 물 한 병 의 값은 무려 2000원! 1000원 남짓 하는 동네 가격의 두 배다. 아 깝다는 생각에 물을 사기가 주저된다. 하지만 여기서 비교해야 할

대상은 동네 물값이 아니라 지금 1000원으로 다른 무엇을 할 수 있을지다. 타는 목마름을 잠재울 다른 대안이 있는가? 그러면 그냥 가도 좋다. 하지만 단순히 과거 기억에 비추어 현재를 판단하는 일은 잘못을 낳을 수 있다. 과거는 과거일 뿐이다. 중요한 것은 현재 내 앞에 놓인 '옵션'이다. 선택에서는 이것에만 주목해야 한다.

미래를 가늠할 때도 마찬가지다. 미래는 미래의 눈으로 바라보라. 미래를 현재의 기분에 비추어 보아서는 안 된다. 10대 학생들은 절박하게 외친다. "나는 꼭 비보이가 되고 싶습니다!" 그러나 이 절절한 심정이 평생 갈까? 40대의 나도 비보이처럼 춤추기를 원하고 있을까? 그 후로도 자신에게는 무척이나 많은 일이 일어날 것이다. 지금의 절실한 심정이 영원히 내 가슴속에 남아 있을 리 없다. 이는 마치 배고플 때 장을 보러 가면 음식을 잔뜩 사게 되는 것과 마찬가지의 잘못이다.

세상을 보는 눈은 우리의 마음에 따라 끊임없이 뒤틀린다. 이를 바로잡으려면 보이지 않는 부분을 보는 훈련이 필요하다. 주목 끄는 일 말고 배경에 주목하라. 그리고 기대와 후회의 끊임없는 다그침에서 벗어나 현재는 현재로, 미래는 미래로 바라보라. 그러면 그대는 어느덧 냉철한 판단가가 되어 있을 것이다.

:: 더 생각해보기

다음의 주장에 담긴 잘못을 지적하고 설명해보자.

1 "저는 등에 소지섭 얼굴을 문신해서 넣고 싶어요. 그 오빠는 나의 우상이니까요."

2 과거 석유 가격은 배럴당 20달러도 채 되지 않았다. 지금의 석유값은 터무니없다. '부도덕'한 현실을 이렇게 내버려두어서는 안 된다.

사건이 일어난 배경에 주목해야 합니다. 그리고 과거나 미래가 아닌 현재의 눈으로 문제를 바라보아야 합니다. "예전에는 안 그랬는데"라는 한탄은 결코 그렇게 되어야 한다는 '당위'가 아닙니다. 마찬가지로 "꼭 이렇게 되어야 합니다"라는 소망 역시 당위는 아닙니다. 모든 문제는 전체 맥락을 바라보며 현재 속에서 해결책을 찾을 때 풀립니다.

7

칸트에게 배우는 양심 활용법
도덕적 판단 기술

송宋나라 양공襄公은 초楚나라와 강을 사이에 두고 전투를 벌였다. 마음 급한 초나라가 먼저 강을 건너왔다. 송나라 참모들은 신중했다. "적은 많고 우리는 적습니다. 적의 군대가 대열을 갖추기 전에 공격해야 합니다. 강을 건너느라 흐트러진 바로 이때가 기회입니다."

그러나 양공은 고개를 저었다. "남의 약점을 노리는 짓은 비겁하오. 군자는 절대 그런 짓을 하지 않소." 결국 송나라 군대는 무참하게 무너졌고 양공 또한 목숨을 잃었다.

'송양지인宋襄之仁'의 내용이다. 송양지인이란 쓸데없이 착하기만 한 경우를 빗대는 말이다. 하지만 만약 송나라 군대가 큰 승리를 거두었다면 어찌 되었을까? 양공의 선한 마음에 감동한 초나라가 송나라를 존경하여 따르게 되었다면? 아마도 송양지인은 진정한 승리를 일컫는 고사故事가 되었을지도 모른다.

그렇다면 어떤 행동이 옳고 그른지는 결과에 따라 결정되는 것일까? 이 물음은 어디서나 부딪히게 되는 아주 현실적인 고민이다. 배아줄기세포에 대한 거짓 연구 결과를 내놓아 세상에 큰 충격을 주었던 황우석 사태도 그렇다. 황 교수 측은 자신들의 논문 조작을 '고의적 실수'였다고 말했다. 성과가 나와야 연구에 필요한 돈과 인력을 확보하기 쉽다. 큰 성공을 거둘 수 있다면 그 과정에서 몇몇 '사소한' 데이터 변경은 큰 문제가 안 된다는 취지다. 문익점은 원元나라의 목화씨를 붓두껍에 숨겨 가져왔다. 이렇게 가져온 씨앗이 온 나라를 따뜻하게 해주었다. 이야기대로라면 문익점의 행동은 '밀수입'일 수도 있다. 그렇다고 그를 비난하는 사람은 없다. 무엇이 과연 올바른 행동인지 헷갈린다.

이럴 때 우리는 흔히 양심에 손을 얹고 물어보라는 소리를 듣는다. 그러나 이는 너무 막연해서 양심은 좀처럼 입을 열지 않는다. 칸트는 양심의 소리를 좀 더 쉽게 듣도록 도와준다. 그는 다음과 같은 판단 잣대를 일러준다.

첫째, 내가 마음먹은 바가 누구에게나 법칙처럼 통할 수 있는지 검토하라. 하늘로 던진 돌은 예외 없이 땅에 떨어진다. 물리학 법칙이 적용되는 까닭이다. 양심도 그렇다. 양심은 어떤 상황에서도 누구에게나 똑같이 통하는 도덕의 법칙이다.

예컨대, 친구에게 거짓말을 해서 돈을 빌린다고 해보자. 이런 짓을 다른 사람이 해도 문제없을까? '거짓말을 해서 돈을 빌리는' 것이 정말 올바르다면 다른 사람이 똑같이 해도 괜찮아야 한다. 사업 자금이 절실하게 필요한 지인을 돕기 위해 자신이 근무하는 회사의 자금을 몰래 변통해주는 일은 어떨까? 남들도 이렇게 해도 되는지 되물어보자. 양심은 조용히 답을 일러줄 것이다.

둘째, 다른 사람들을 수단으로만 여기지 말고 항상 목적으로 대하라. 동물에게는 예의를 차리라고 요구할 수 없다. 도덕윤리는 사람한테만 있다. 정말 도덕이 제대로 선 사회가 되려면 윤리의 가치를 깨닫는 능력이 있는 인간을 소중히 여겨야 한다.

제2차 세계대전이 끝날 즈음, 아오지마 섬을 공격하던 미군은 시간이 부족했다. 몇 시간이라도 빨리 섬에 도착해야 하는 상황, 함선 위에서 장난치던 병사 한 명이 물에 빠졌다. 하지만 군함은 그를 구하기 위해 멈추지 않았다. 미군의 행동은 과연 옳았을까?

둘째 잣대가 답을 일러준다. 물에 빠진 병사에게 상황을 모두 설명해주고, 자신의 처지를 받아들일 수 있는지를 묻는다는 기분으로 처신하라. 상대는 윤리적인 판단을 할 줄 아는 인간이다. 올곧은 사람이라면 더 많은 병사를 살리기 위해 자신의 죽음을 기꺼이 받아들일지도 모른다. 아니면, 단 한 명의 생명이라도 여럿의 생명

만큼이나 가치 있고 소중하다며 반박할지 모른다. 그렇지만 그의 양심은 결코 나 하나만 살면 다른 이들은 모두 죽어도 된다고 말하지는 않을 것이다. 다른 사람들을 수단이 아닌 목적으로 대하라는 말은 이런 뜻이다.

셋째, 양심을 가진 사람들끼리 모여서 자신이 하려는 바를 언제든지 법으로 만들 수 있다는 각오로 행동하라. 내게 양심이 있다면 다른 이들에게도 있다. 다른 사람들을 믿고 존경하자.

이상의 세 잣대를 칸트는 '정언명법定言命法'이라고 불렀다. 정언명법이란 양심이 무조건 하라고 우리에게 내리는 명령이다. 이제 다시 가슴에 손을 얹어보라. 양심은 이미 우리에게 무엇이 옳은지 일러주고 있다. 갈등을 일으키는 문제에 위의 세 잣대를 적용해보자. 양심은 마음을 가장 편안하게 하는 결론으로 우리를 이끌 것이다.

:: 더 생각해보기
마음속에서 갈등을 일으키는 여러 상황들을 보고 칸트의 잣대에 따라 도덕적인 결론을 내려보자.

1 모두가 함께 움직여야 하는 단체 산행, 목적지는 에베레스트 정상이

다. 점점 나빠지는 기후, 등반대의 발걸음도 느려진다. 마침내 두 명의 낙오자가 생겼다. 한 여자가 탈진해 쓰러졌고, 그 남편은 차마 곁을 떠나지 못했다. 해가 저무는 상황, 지칠 대로 지친 십 수 명의 등반대는 이 두 명을 도울 수도, 언제까지나 기다릴 수도 없었다. 마침내 등반대는 두 사람을 두고 출발했다. 이들을 두고 떠난 행동은 올바른가?

2 가난한 집의 가장이 몹쓸 병에 걸렸다. 뻔한 살림에 치료비까지 대기는 힘든 상황이다. 다른 가족에게 피해가 되지 않도록 그는 자살을 택하려 한다. 이 사람의 행동은 올바른가?

칸트의 정언명법은 구체적인 해법을 내준다기보다 '양심의 자세'를 일깨워준다는 점에서 더 의미가 큽니다. 논란은 여전히 계속될 것이지만 분명한 생각 방법을 갖추고 하는 논쟁은 '도덕적 감수성'을 한 뼘 높게 자라게 해줍니다.

.

8

상처를 성장으로 바꾸는 기술
3R

오늘날 전투를 겪은 상당수 병사들이 '외상 후 스트레스성 장애 PTSD: post traumatic stress disorder'에 시달리곤 한다. 이는 참전 후 거듭해서 악몽에 시달리거나 조그만 소리에도 폭격 때 상황이 떠올라 벌벌 떠는 증상 등을 일컫는 말이다. 이런 상태로 정상적인 삶을 살기란 어렵다.

옛 군인들은 어땠을까? 놀랍게도 예전에는 전쟁의 후유증이 지금처럼 크지 않았다. 전투는 지금보다 훨씬 잔인했다. 직접 얼굴을 맞대고 칼을 휘두르는 상황, 팔다리가 떨어져 나가는 일이 예사롭게 벌어졌다. 포로를 잡아 산 채로 머리 가죽을 벗기는 경우도 적지 않았다. 그럼에도 병사들은 별 문제 없이 일상으로 돌아갔다. 어떻게 그럴 수 있었을까?

그 까닭을 군사문제 전문가 마틴 판 크레펠트Martin van Creveld는

'전쟁문화'에서 찾는다. 예전에는 전쟁이 끝나면 '종전의식終戰儀式'이 치러졌다. 국가는 전쟁 기간에 허락했던 '살인'을 다시 금지한다. 병사들은 그동안 벌어졌던 죄악에 대해 신께 용서를 빈다. 국가는 다시 평화가 왔음을 널리 알린다.

이렇듯 의식을 통해 아픈 기억은 모두 '과거'가 되어버린다. 사람들은 전쟁의 고통이 내 삶에 어떤 '의미'를 주었는지를 곰곰이 곱씹는다. 상처가 영혼을 한 뼘 키우는 '가르침'으로 거듭나는 셈이다.

하지만 현대에는 이런 '의식'이 없다. 나의 상처는 법적인 보상을 타내고 정신과 치료를 받아야 할 병으로 여겨질 뿐이다. 내가 겪은 고통이 무슨 '의미'와 '가치'가 있는지에 대해서는 별 관심이 없다. 마음의 고통에서 좀처럼 헤어나지 못하는 이유다. 이제 입시나 취업 때 자기 소개서마다 빠지지 않고 묻는 항목을 눈여겨보자.

"자신의 삶에서 가장 고통스러웠던 순간을 소개하고 이를 어떻게 극복했는지, 자기 삶에 어떤 의미가 있었는지를 설명하시오."

삶이 구렁텅이로 떨어지는 순간은 누구에게나 있다. 고난은 어떻게 받아들이는지에 따라 절망이 되기도 하고, 내 삶을 웃자라게 하는 밑거름이 되기도 한다. 고난을 통해 의미를 찾는 이들은 꾸준히 나아가는 사람이다. 반면, 고통 속에서 몸부림만 치는 이들에게서는 발전을 기대하기 어렵다. 고통을 대하는 자세를 통해 우리는 한 사람의 발전 가능성을 가늠할 수 있다. 자기 소개서 항목에 '고통스러운 순간'에 대한 물음이 빠지지 않는 이유다.

그렇다면 상처를 성장으로 거듭나게 하려면 어떻게 해야 할까? 나는 '3R의 기술'을 일러주고 싶다. 3R이란 '유감regret', '책임responsibility', '치유remedy'를 뜻한다. 3R은 나의 아픔을 솔직하고 의미 있게 드러내는 방법이다.

첫 단계인 '유감'은 자기 감정을 거침없이 드러내는 과정이다. 억한 가슴으로는 미래를 꿈꾸기 어렵다. 나의 아픔을 솔직하고 정확하게 드러내 털어내보자. "~한 모습을 보며, 나는 가슴이 찢어지는 듯 아팠습니다. 주변 사람들이 모두 나를 비웃는 듯해서 고개를 들 수 없을 만큼 수치스럽고 화가 났습니다." 이런 식으로 말이다.

두 번째는 누구의 '책임'인지를 분명히 하는 단계다. 내가 잘못해서 생긴 일인가? 그렇다면 솔직하게 인정하고 대가를 달게 받겠다며 뉘우치는 것이 좋다. 당당하게 죗값을 치루겠다는 결심은 마음을 개운하게 해준다. 변명은 자신을 치졸하게 만들 뿐이다. 상처의 고통 또한 더욱 깊어진다.

만약 내가 아닌, '네' 잘못이라면? 시대와 상황 탓에 어쩔 수 없이 겪어야 했던 아픔이라면 어떨까? 이때도 누구에게 책임이 있는지, '무엇' 때문에 벌어진 일인지를 분명히 해야 한다. 잘잘못을 분명히 가리면 필요 없는 고민과 마음의 짐은 훌훌 날아가버린다. 예컨대, 전쟁에 나가 어쩔 수 없이 사람을 죽여야 했는가? 이 경우에는 자신을 탓하기에 앞서, 나를 전쟁터로 내몬 시대와 현실을 바라보는 쪽이 낫다. 내가 한 일의 원인이 나 자신보다 국가나 사회에 있는 탓이다.

마지막은, 상처를 '치유'하는 단계다. 이미 모든 일은 '과거'가 되어버렸다. 과거는 어찌 해도 바꿀 방도가 없다. 그러나 상처를 넘어서기 위해 무엇을 할지는 내가 얼마든지 결정할 수 있다. 나 때문에 벌어진 일이라면 책임지기 위해 스스로 할 일을 분명하게 내세워보자. "나는 앞으로 ~를 꼭 할 것이며, ~한 자세로 살겠습니다" 등등으로 말이다. 상대에게 책임이 있다면? 그러면 "앞으로 당신은 ~를 해야 하며, ~한 마음으로 살아야 합니다"라며 자신의 바람을 정리해보자. 자신이 무엇을 해야 하고, 무엇을 바라고 있는지를 분명히 하면 마음의 혼란은 쉽게 가라앉는다.

상처를 넘어서는 모든 의식에는 3R이 담겨 있다. 전몰戰歿 장병에 대한 추모 행사를 예로 들어보자. 먼저, 죽고 다친 병사들에 대한 안타까움을 담아 묵념을 한다(유감). 그리고 누가 존경을 받아마땅하고, 누구의 잘못 때문에 그들이 죽음을 맞았는지를 분명히 한다(책임). 나아가 우리가 그들의 죽음을 어떻게 받아들여야 할지, 앞으로 어떤 자세로 살아야 할지에 대한 다짐을 한다(치유).

무당이 한풀이를 할 때도 다르지 않다. 상처받은 자의 마음을 읽고 표현해주고(유감: "아이고, XX야, 얼마나 힘들었을꼬") 누구 탓인지를 분명히 한다(책임: "이 썩을 놈의 ○○야, 썩 물러가라!"). 그리고 어떻게 살아야 할지를 일러준다(치유: "신령님, 앞으로 ~하게 산다니까, 이제 받아주세요").

이 밖에도 3R은 졸업식, 장례식 등등 다양한 자리에서 모습을 바꾸어 나타난다. 그만큼 3R은 삶의 의미를 찾아주는 효과가 크다. 한 사람의 진정한 가치는 시련을 통해 드러난다. 3R은 상처를 성장의 밑거름으로 바꿔주는 '영혼의 보약'이다.

:: 더 생각해보기

다음 상황을 3R로 표현해보자.

"저는 시험을 볼 때 남의 답안지를 보았습니다."

다음 예시 답안을 참고하세요.
"저는 남의 답안지를 몰래 본 제 행위가 무척 부끄럽고 창피합니다.

저 때문에 피해를 본 모든 분께 죄송하고 송구스러운 심정입니다(유감). 이 모든 책임은 저에게 있습니다. 때문에 어떤 불이익을 받는다 해도 달게 받아들이겠습니다(책임). 나아가 다시는 이런 어리석은 짓을 하지 않을 것이며, 정직하게 시험을 치르도록 하겠습니다. 다시 한 번 여러분께 진심으로 사과드립니다(치유)."

9

설득력은 흥분을 타고 온다
전체주의 설득술

할인 매장, 음악은 늘 시끄럽고 왁자하다. 진열대 사이의 통로는 또 어떤가. 사람들이 어깨를 부딪칠 만큼 좁다. 급하게 서두르는 분위기는 혼쭐을 빼놓는다. 어쩌면 짜증이 날지도 모르겠다. 편안하게 쇼핑하는 환경을 만들 수는 없을까? 음악 소리를 조금만 낮춰도, 복도를 몇 센티미터만 더 넓혀도 훨씬 쾌적할 텐데.

하지만 파는 이들의 입장은 다르다. 마케팅 전문가 파코 언더힐 Paco Underhill에 따르면 매장 분위기는 늘 왁자해야 한다. 왜 그럴까? 마음이 달뜰 때 충동구매가 쉽게 일어나기 때문이다. 주변이 소란하면 마음도 급해진다. "하나 남았습니다!", "초특가 30분 세일!" 여기저기서 외쳐대는 소리, 눈앞의 상품을 지금 안 사면 다시는 못 구할 듯싶다. 그래서 덜컥 내지르고 만다.

이런 마케팅 기법은 전체주의자들의 설득술이기도 하다. "설득력은 흥분을 타고 온다." 그네들의 설득술은 이렇게 정리해도 좋겠다. 예를 들어보자. 테러가 일어났다. 누가 했는지도 분명하지 않은 상황, 사람들은 겁에 질린다. 이럴 때 독재자들은 슬그머니 소문을 퍼뜨린다. "이번 테러는 유대인들 짓이다!" 의심스러운 구석이 많은데도 사람들의 눈꼬리가 올라간다. 보복을 외치고 주먹을 치켜들면서 말이다. 왜 그럴까?

인간은 이유를 찾는 동물이다. 내가 '왜' 이렇게 고통스러운지, '무엇 때문에' 생활이 신산스러운지 답을 알려 한다는 뜻이다. 뜻 모르고 당하는 괴로움만큼 힘든 것도 없다. 친한 친구가 아무 이유 없이 절교를 통보할 때 기분이 어떻겠는가? 까닭도 모른 채 비난을 뒤집어써야 하는 상황은?

이럴 때 우리는 아픔에 걸맞은 '이유'를 찾아내려 절절하게 애쓴다. "친구가 실연을 당해서 혼자 있고 싶어 하는 거야", "김 대리가 회사를 그만둘 때 뒤처리를 엉망으로 해놓았나 보군". 마뜩잖으면 이유 찾기는 영적靈的인 차원으로까지 나아간다. "내 영혼을 성장시키기 위해 신께서 시련을 주시는 거야" 등등. 어떻게든 이유를 '만들어내야' 마음이 가라앉는 탓이다.

독재자들은 이 점을 노린다. 그들은 일단 커다란 충격부터 안긴다. 전쟁, 테러, 주가 폭락 등등. 공포에 휩싸일 때 인간의 판단력은 아주 낮아진다. 마음이 여유로울 때는 좀처럼 받아들이지 않을 주장에도, 겁에 질린 상태에서는 금세 고개를 끄덕이게 된다.

이때 독재자들은 그럴싸한 '이유'를 던진다. 지금의 어려움은 '누구' 때문이라고 말이다. 인간에게는 *'자기 확증 편향'이 있다. 내가 중요한 시험을 망쳤다고 해보자. 이 경우 나는 운이 없거나 제대로 준비할 처지가 못되었기 때문이다. 남들이 시험을 뭉갰다면? 원래 머리가 나쁘거나 게으른 탓이다.

> **자기 확증 편향**self-serving bias   '잘되면 내 탓, 안 되면 조상 탓'이라고 하듯, 좋은 결과의 원인은 자신에게, 나쁜 결과의 원인은 외부에 돌리려는 성향을 말한다.

이처럼 사람들은 나쁜 일의 원인은 '내 탓'이 아닌, '남 탓'이나 '상황 탓'으로 돌리려 한다. 남에게 닥친 어려움은 그들 '자체'가 덜떨어졌기 때문으로 돌린다. 공포가 마음을 휩쓸 때도 다르지 않다. 무엇보다 지금의 어려움은 '나' 때문이 아닌, 사악한 '누구' 때문이어야 한다.

독재자들은 이 마음을 정교하게 이용한다. 그들은 미운털이 박힌 집단을 희생양으로 내세운다. 히틀러는 경제가 휘청이던 이유를 '유대인'에게로 돌렸다. 일본의 권력자들은 관동 대지진 때 혼란의 원인이 '조선인' 탓이라고 헛소문을 냈다. 복잡한 설명보다는 단순한 해답이 가슴에 더 다가온다. 다급한 상황에서는 더 그렇다. '전체주의식 설득술'은 다음과 같이 정리해도 좋겠다.

1. 위기를 불러일으켜 사람들을 흥분시킨다.
2. 위기의 원인이 '누구' 때문인지를 분명하게 내놓는다.
3. '누구'를 없애야 정의롭고 평화로운 사회가 된다고 주장한다.

사람들의 불만이 하늘을 찌를 때는 꼭 '누구' 탓인지를 내놓지 않아도 된다. 제대로 흥분만 시켜놓아도 사람들은 원하는 쪽으로 희생양을 찾아내기 때문이다. 프랑스 혁명 당시 파리에는 빵 공급이 몇 주일 동안이나 끊겼다. 꼭 흉년 탓만은 아니었다. 누군가가 매점매석을 노리고 그런 듯싶었다. 파리 시민들은 이를 쉽게 '귀족과 왕비 앙투아네트 탓'으로 돌렸다. 흥분한 군중은 왕이 있던 튀일리 궁으로 몰려갔다. 혁명을 노린 부르주아들의 의도가 제대로 먹혀든 셈이다(사실 빵이 사라진 원인은 앙투아네트와는 아무 상관이 없었다).

반면, 전체주의식 설득술이 성공하기 위해서는 냉정하게 계산을 해야 한다. 상대를 흥분시키기에 앞서 스스로에게 확실하게 다짐을 받아야 한다. "내가 얻고 싶은 결과는 무엇인가?", "상대가 가장 미워하는 대상은 누구인가?" 이 두 물음에 확실한 답이 있을 때 전체주의식 설득술은 제대로 위력을 떨친다.

전체주의식 설득술에 말려들지 않으려면 어떻게 해야 할까? 무엇보다 감정에 휩쓸리지 않는 것이 중요하다. 쇼핑을 잘하는 사람은 그냥 장 보러 나서지 않는다. 꼭 사야 할 물건을 적고 예산도 꼼꼼하게 챙긴다. 따라서 좀처럼 충동구매를 하는 법이 없다.

공포에 질렸을 때도 '해결 목표'부터 분명히 해야 한다. 2010년 북한이 연평도에 포를 쏘았다. 여론은 들끓어 올랐다. 북한에 보복해야 한다는 주장도 많았다. 확실하게 본때를 보여주자고 말이다. 하지만 북한군 기지를 뭉개면 평화가 찾아올까? 우리가 결국 바라는 것은 '한반도의 평화'가 아닌가?

큰 결론을 분명히 품고 있을 때 우리 마음은 순간적인 흥분에 휘둘리지 않는다. 넓고 긴 안목을 갖춘 이들이 전체주의식 설득술에 흔들리지 않는 이유다. 경제가 바닥을 기고 안보도 믿음직하지 않을 때 '불안 마케팅'이 여기저기서 꿈틀댄다. 전체주의식 설득술에 휘둘리지 않으려면 장기적인 목표와 결론을 마련해두어야 한다.

:: 더 생각해보기
다음 전체주의식 설득술에서 빠져나갈 큰 목표나 결론을 떠올려보자.

1 "아랍 테러리스트를 철저히 제거해야 우리는 안전해질 수 있습니다."

2 "우리 사회를 찢어놓는 좌익분자들을 철저하게 응징해야 합니다."

전체주의자들은 항상 '타도해야 할 적'을 앞세웁니다. 적보다 문제의 근본 원인을 바라보는 데 더 신경을 써야 합니다. 다음 예시 답안을 참고해보세요.

1 "아랍 테러리스트를 철저히 제거해야 우리는 안전해질 수 있습니다."

: '세계 평화'가 더 큰 목표입니다. 테러리스트를 없앴다 해도 그들이 테러를 해야 하는 원인이 사라지지 않을 때 폭력은 또다시 생겨날 수 있습니다.

2 "우리 사회를 찢어놓는 좌익분자들을 철저하게 응징해야 합니다."

: 우리 사회가 왜 하나로 똘똘 뭉쳐야 하는지부터 생각해야 합니다. 여러 의견이 나올 때보다 한 가지 생각으로 통일되는 쪽이 바람직한 까닭이 분명하게 먼저 제시되어야 합니다.

■

10

위협과 유혹에 휘둘리지 않으려면
온 틸트

신용카드를 바꾸려 한다. B회사의 카드가 연회비도 싸고 혜택도 많아 보여서다. 그래서 지금 사용하는 A카드 회사에 전화를 했다. 계약을 해지하려고 말이다. 상담원은 어떤 반응을 보일까?

흔쾌히 "그러세요"라고 하는 경우는 별로 없다. 고객은 곧 '수입'이 아니던가. 설명과 설득이 이어질 것이다. 설득하는 방법에는 두 가지가 있다. 혜택을 앞세우는 방법과 손실을 강조하는 방법. 다음 두 사례를 견주어보라.

"계속 이용하시면 10퍼센트 추가 할인에 연회비 면제 등의 혜택을 받으실 수 있습니다."

"지금까지 쌓으신 포인트가 20만 점이네요. 이게 다 돈인데! 해지하시면 그냥 사라져버려요. 이 정도 모으시는 데 몇 년은 족히 걸리셨을 텐데……. 그래도 괜찮으시겠어요?"

사람들은 이익보다 손해에 민감하다. 공부도 별로 다르지 않다. 학원들의 광고를 눈여겨보라. '남들보다 잘하기 위해서는'보다 '남들도 다 하는데 뒤처지지 않으려면' 식의 논리가 가슴을 더 후벼 판다. 심지어 보이스 피싱조차도 이익보다 손해를 앞세운다. (당연히) 받아야 할 우체국 환급을 못 받는다거나 소중한 사람이 '납치'되어 그를 잃을 수 있다는 식의 협박을 늘어놓는다. 앞서 신용카드를 해지하는 상황에서도 가진 것을 잃게 된다는 식의 설득이 더 절절하게 다가온다.

도박판에는 '온 틸트on tilt'라는 말이 있다. 눈이 뒤집혀서 무모한 베팅을 계속하는 모습을 일컫는 말이다. 처음부터 잃기만 했을 때는 이 지경까지 가지 않는다. 도박도 돈을 따야 재밌는 법이다. 계속 손해만 볼 때는 도박에 흥미가 일지 않는다.

반면, 초반에 큰돈을 땄을 때는 자리를 뜨기가 쉽지 않다. 그러다 거액을 날리게 되면 더 눌러앉는다. 사실 '딴 돈'은 아직 내 돈이 아니다. 도박판의 '판돈'일 뿐이다. 그럼에도 도박에서는 '딴 돈'을 '내 돈'처럼 착각하곤 한다.

1억 원을 땄다가 잠시 후 7000만 원을 날렸다고 해보자. 그래도

3000만 원이 남았다. 큰돈을 번 셈이다. 그러나 도박판에서의 논리는 다르다. 손에 잠깐 들어왔던 1억 원을 아예 '내 돈'이라고 착각한다. 그래서 무려 7000만 원이나 잃었다는 생각이 앞선다. 손해가 이만저만 아니니, 손실을 메우기 위해서는 계속 판을 벌여야 한다며 조급해 한다.

판을 접으면 7000만 원 손해는 이대로 굳어진다. 계속 도박을 하고 있어야 손해를 때울 기회도 사라지지 않는다. 그래서 끝없이 판을 벌인다. 이익을 얻기보다 손실을 보지 않기 위해서다. 결국 도박은 1억 원을 모두 날리고 밑천을 바닥낼 때까지 이어진다. 경제 칼럼니스트 팀 하포드Tim Harford가 설명하는 도박판의 모습이다.

이쯤 되면 설득의 묘약이 가슴에 다가올지 모르겠다. 설득하고 싶으면 이익보다 위험을 강조하라! 많이 가질수록 되레 겁도, 집착도 심해진다. 가진 게 많아지면 잃을 수 있는 것도 덩달아 늘어나기 때문이다. 재산과 명성은 늘어나는 만큼, 걱정도 눈덩이처럼 불려놓는다.

설득을 위해서는 상대가 무엇에 매달리는지를 먼저 알아야 한다. 그리고 이것을 잃게 될 가능성을 떠올리게 하라. 상대가 돈에 매달린다면 돈을, 명예를 소중하게 여긴다면 명예를 잃는 상황을 곱씹게 하는 식이다. 예컨대, 명예가 생명인 해병대에게는 "해병

대답지 않은 겁쟁이"라는 비아냥거림이 위력을 발휘한다. 이 말을 듣고 죽기 살기로 싸우지 않을 해병대원이 몇 명이나 될까? 명품 매장에서는 처음 본 손님을 "당신 따위가 이런 비싼 상품을 살 수 있겠어?" 하는 식으로 대한다고 한다. 한 재산 하는 사람들은 여기에 쉽게 발끈한다. 돈이야말로 부자들의 자존심(?) 아닌가. 충동구매는 무의식에 받은 상처를 회복하기 위한 무의식적인 발버둥 속에서 이루어진다.

한편, 손해와 위험을 앞세우는 설득에 넘어가지 않으려면 어떻게 해야 할까? 제2차 세계대전 때의 명장名將 드와이트 아이젠하워 Dwight Eisenhower는 이렇게 말했다. "계획은 아무것도 아니다. 그러나 계획을 세우는 과정이야말로 모든 것이다Plans are nothing. Planning is everything."

세상은 계획대로 되지 않는다. 그래도 계획이 있을 때 생각 없이 휘둘리는 일은 훨씬 줄어든다. 어떻게 일을 풀어야 할지에 대한 '기준'이 분명한 까닭이다. 계획을 짜듯, 자신이 잃을까 두려워하는 것들을 먼저 분명하게 하는 것이 좋겠다.

절절함에도 '유효기간'이 있다. 배고플 때는 무엇이 가장 중요할까? 협상을 하면서도 식사 때를 놓칠까 봐 마음이 조급해질지도 모른다. 내일까지 돈을 꼭 갚아야 하는 상황은 어떤가? 조급한 마음은 높은 대출 금리를 눈여겨보지 않게 한다. 그래서 또다시 돈을 빌린다. 배가 채워지고 나면, 돈을 갚고 나면 자신이 얼마나 큰 실수를 했는지 깨닫게 된다.

따라서 욕구가 아직 다급하지 않을 때 스스로의 허점을 먼저 분명히 해야 한다. "배고플 때 나는 서두르는 경향이 있다", "대출금 납부일이 다가올 때 나는 쉽게 사채업자의 설득에 넘어갈 수 있다", "멋진 이성에게는 잘 보이려고 지키지도 못할 약속을 쉽게 하곤 한다" 등등.

자신에게 고혈압이 있음을 아는 사람은 조심하기 마련이다. 마찬가지로, 자신이 어떤 상황에 약한지를 분명히 꿰고 있을 때는 그 순간이 닥쳤을 때 대책 없이 흔들리지 않는다. 자신이 어떤 때 무엇을 두려워하는지를 글로 분명하게 적어놓고 정리해보라. 이는 실패를 막는 처방전과도 같다.

설득과 협상은 자신의 두려움과 욕구를 얼마나 객관적으로 볼 수 있는지를 놓고 벌이는 게임이다. 제3자의 눈으로 자신의 모습을 끊임없이 곱씹어볼 일이다.

:: 더 생각해보기

앞서 신용카드를 해지하는 사례에서 상담원의 논리에 휘둘리지 않으려면 어떻게 해야 할까?

해지를 위한 전화를 하기 전에, 왜 신용카드를 바꾸려고 하는지 그 이유를 자기 스스로에게 분명히 해야 합니다. 자신이 하려는 일의 이유가 뚜렷할수록 상대가 제시하는 소소한 손해와 이익에 마음이 흔들리지 않게 됩니다.

감정을
다독이고
핵심을 파악하는
듣기의 기술

* 모모의 듣기 기술?

모모에게는 친구가 많았다. 사람들은 모모를 참 좋아했다. 모모는 고아인 거지 소녀다. 사람들은 모모에게 고민을 손쉽게 털어놓곤 했다. 아이는 충고도, 해결책도 주지 않았다. 모모는 그냥 열심히 들어주었을 뿐이다. 그럼에도 모모를 만난 사람들은 편안해진 얼굴로 돌아갔다. 미카엘 엔데Michael Ende의 소설《모모》의 주인공 이야기다.

세상살이는 신산스럽다. 억한 일은 누구에게나 있고 하소연하고 싶은 이야기들도 적잖다. 마음에 맺힌 응어리는 분노와 화병으로 자라곤 한다. 사랑과 위안이 늘 절실한 이유다. 지친 상대를 위한 최고의 배려는 무엇일까? 바로 '듣기'다. 마음과 진심을 다해 들어주는 것.

하지만 듣기는 결코 쉬운 일이 아니다. 난이도로만 따지면 논리로 논쟁하는 편이 훨씬 녹록할지 모르겠다. 듣기에는 읽기와 달리 상당한 '감정 노동'이 필요한 까닭이다. 따지고 보면 감정은 짐승의 언어다. 개와 고양이, 닭과 소는 논리를 펴지 못한다. 그렇지만 감정은 표현할 수 있다. 이렇듯 감정은 금수禽獸들도 갖고 있는 언어다.

감정을 다독이는 일은 짐승을 길들이는 것만큼 어렵다. 상대의 격앙된 이야기를 듣다 보면 내 속에서도 욱 하며 뭔가 올라올지도 모른다. 너무 싫은 사람이라, 도저히 공감해주기 싫은 경우도 있겠다. 내 마음이 불편해서 상대의 심정을 헤아릴 여유가 없을 때도 있다.

제대로 듣기 위해서는 '맷집'이 좋아야 한다. 내 영혼이 강하고 튼튼하지 않으면 상대의 격한 감정에 휘말릴지 모른다. 그래서 이 부에서는 무엇보다 분노를 다스리고 마음을 다잡는 방법을 공들여 설명했다.

상대를 알아주고 다독이는 일은 중요하다. 그러나 언제까지 감정 소모만 할 수는 없다. 지금의 어려움에서 벗어날 '출구전략'이 필요하다. 목표와 목적을 새로이 잡고 대화를 발전적으로 이끌어야 한다는 뜻이다. '생산적인 논쟁을 위한 듣기 기술'에 적잖은 품을 들인 이유다.

마지막으로 상담 이론에서 말하는 다양한 대화 기법들을 소개했다. 속상함을 제대로 표현하고, 따뜻하게 공감해주고, 흐뭇하게 칭찬해주는 기술 등등을 담았다. 이 부에는 '모모의 듣기 기술'이라는 부제를 달아도 좋겠다(물론, 어디에도 모모에 대한 직접적인 언급은 없다). 듣기와 말하기는 이솝 우화의 태양과 바람의 관계와 같다. 거센 바람은 나그네의 옷을 결국 벗기지 못했다. 반면, 햇살의 따사로움은 나그네 스스로 외투를 던지게 했다. 정교한 논리는 상대방의 방어 본능을 일깨운다. 그러나 배려와 이해심 가득한 듣기는 마음의 문을 활짝 열어젖힌다. 이 부를 통해 '듣기의 위력'을 제대로 느낄 수 있었으면 좋겠다.

11

설득과 공감이 있는 듣기 기술
소크라테스의 경우

'설득의 달인' 소크라테스는 말을 잘하는 사람이 아니었다. 그는 어눌했고 말을 더듬기도 했다. 그런데도 입담 좋은 이들은 소크라테스 앞에만 서면 이내 꼬리를 내리곤 했다. 자신이 잘 알지도 못하면서 잘난 척했다는 사실을 부끄러워하면서 말이다.

소크라테스는 서툰 말솜씨로 어떻게 상대를 설득할 수 있었을까? 비밀은 '듣기'에 있었다. 소크라테스는 상대가 무슨 이야기를 하든지 절대 반박하지 않았다. 상대방이 옳다고 믿고 그의 말을 좀 더 완벽하게 알아들을 수 있도록 주의 깊게 들으며 이해가 안 되는 점을 되물었을 뿐이다.

설득력은 말을 조리 있게 잘하는 것에만 달려 있지 않다. 뛰어난 입심은 되레 반감만 불러올 때도 많다. 남의 말은 듣지도 않고 자기주장만 하는 사람, 시끄럽게 울려대는 놋그릇처럼 쉴 새 없이 말을 늘어놓는 사람, 너무 논리적이어서 차갑고 징그럽기까지 한 사람……. 말 잘해서 '비호감'인 경우들이다.

누구나 자기 생각을 관심 있게 들어주는 사람 앞에서는 말이 많아지는 법이다. 기꺼이 받아들일 자세가 되어 있는 소크라테스와 대화를 나누면 누구나 말을 술술 잘 풀어낼 수 있었다. 하지만 소크라테스가 미안한 표정으로 던지는 물음에 답하다 보면 대화자들은 스스로 생각을 풀어가는 가운데 자기 안의 모순과 문제를 깨닫기 마련이었다. 설득에 있어 '듣기'의 역할이 새삼스러워지는 대목이다.

그렇다면 어떻게 해야 제대로 들을 수 있을까? 먼저 '자비의 원칙principle of charity'을 마음속 깊이 새겨야 한다. 자비의 원칙이란 상대가 어떤 주장을 펴건 일단 옳다고 믿고 최대한 이를 받아들이려는 자세를 말한다. 오해와 갈등은 상대를 비판하겠다는 마음 자세에서부터 비롯된다. 설사 나로서는 도무지 납득이 안 되는 말이라 해도 상대가 그 주장을 펴는 데는 나름의 이유가 있다고 생각하자. 그리고 어떻게든 상대를 이해하고, 잘못이 있어 보이는 대목은 고쳐주겠다는 자세로 주의 깊게 들어보자. 그러다 보면 어느덧 상대의 의도와 내 뜻이 다르지 않음을 발견하게 될지도 모른다.

상대가 자기 이야기를 하는 도중에 자신의 주장이 말이 안 됨을 스스로 깨닫게 될 수도 있다. 만약 내가 비난하는 자세를 취하고 있다면 상대는 그래도 계속 '똥고집'을 부리기 십상이다. 마음이 상해 있는 탓이다. 하지만 내가 도와준다는 태도로 부드럽게 대화를 듣는다면 어떨까? 상대가 문제를 인정할 가능성이 훨씬 더 커진다. 이처럼 진정한 비판은 공격이 아니라 상대의 주장을 제대로 이해하려는 마음과 문제를 고쳐주려는 배려에서 나온다.

그러나 제대로 들어주겠다는 마음만으로는 부족하다. 듣는 데도 기술이 필요하다. 일단 나의 태도부터 점검해보자. 대화나 토론을 할 때 나는 상대의 눈을 바라보고 있는가? 따뜻하고 부드러운 인상으로 대하고 있는가? 혹시 성마르고 화난 표정을 하고 있지는 않은가? 고개를 끄덕거리거나 "응, 응", "맞아요, 그랬겠군요"라는 식으로 듣고 있다는 신호를 상대방에게 주고 있는가? 아니면 돌부처같이 무표정하게 있지는 않은가? 변화는 사소한 데서부터 시작된다. 부드러운 눈짓, 사려 깊은 끄덕거림 하나만으로도 토론이 격한 논쟁으로 바뀌는 일은 줄어들 수 있다.

나아가 상대방이 뜻하는 바를 좀 더 제대로 알아듣기 위한 질문을 던져보자. 다음은 이해를 돕는 질문 형식이다.

"말씀 중에 '일방적 패배'라는 표현을 하셨는데, 어떤 의미인지 좀 더 구체적으로 설명해주시겠어요?" (내용 이해를 위한 질문)

"좀 어렵군요. 구체적 예를 들어줄 수 있을까요?" (내용 구체화)

"그러니까 영희의 무뚝뚝한 태도에 철수가 화가 났다고 생각하시는군요. 제가 생각하는 게 맞는지요?" (주장에 대한 요약 정리)

"단지 영희가 무뚝뚝했다는 사실이 철수가 가출할 만한 이유가 될 수 있을까요?" (주장의 정당성 검토)

이런 물음은 상대방이 자기주장을 좀 더 분명하게 펼칠 수 있도록 도와준다. 또한 내가 상대 이야기를 무시하지 않고 귀 기울이고 있음을 알려주는 역할도 한다.

진정한 설득은 '제압'이 아니다. 상대가 굴욕감을 느끼며 마지못해 수긍하는 경우에는 결국 다른 곳에서 문제가 불거지기 마련이다. 진정한 설득이란 문제를 공유하고 서로에게 공감할 때 이루어진다. 그리고 제대로 듣기 위해서는 나를 죽이고 상대를 존중해야 한다. 설득에 있어 듣기가 말하기보다 더 어려운 이유다.

:: 더 생각해보기

아메리카 인디언들은 회의를 할 때 막대기, 즉 '인디언 스틱 Indian stick'을 사용했다고 한다. 막대기를 쥔 사람만이 말할 수가 있고 토론 상대방은 그 사람이 하고픈 말이 끝날 때까지는 끼어

들거나 반론을 펴서는 안 되었다. 그리고 말을 들은 사람은 자기가 알아들은 바를 막대기를 쥐고 있는 사람에게 설명해주어야 했다. 발언자가 자기 말을 완전히 이해했다고 인정할 때까지 몇 번이고 고치고 반복해서 말이다. 그런 후에야 상대방은 막대기를 넘겨받고 자기 이야기를 할 수 있었다.

혹시 주변에 자신과 심하게 갈등을 빚는 사람이 있다면 인디언 스틱을 이용하여 마음속에 쌓인 감정을 서로 털어놓는 건 어떨까? 30센티미터짜리 자도 인디언 스틱이 될 수 있다.

인디언 스틱을 쥔 사람이 제대로 말할 수 있도록 발언이 끝날 때마다 상대방은 앞서 소개한 이해를 위한 질문들을 던져도 좋습니다. 대화자를 충분히 배려하고 이해하려는 자세를 보이고 있는지도 수시로 점검해봅시다. 말투나 억양, 눈 맞춤과 같은 소소한 문제들을 서로 지적해주고 교정하려는 노력도 필요합니다.

12

구체적이고 본질적인 물음
질문 기법

"학급회장이 되는 데 가장 필요한 소질은 무엇일까요?"

"학급회장이라면 하지 말아야 할 행동은 무엇인가요?"

학급 임원을 뽑을 때 담임선생님이 학생들에게 흔히 던지곤 하는 물음들이다. 선거 결과는 질문을 어떻게 던지느냐에 따라 확연히 달라질 수 있다. 위에 소개한 첫 번째 질문을 받았을 때 학생들은 출마자들의 장점에 주목하기 마련이다. 반면, 두 번째 질문에 대해서는 자기도 모르게 누구에게 어떤 단점이 있는지를 떠올리기 십상이다.

장점 위주로 비교할 때와 단점 중심으로 평가할 때의 결과가 같을 리 없다. 던져진 질문에 따라 유권자들의 관심 방향이 바뀌기 때문이다. 이처럼 질문은 생각의 방향을 결정짓는 방향타 역할을 한다. 그래서 질문을 제대로 던지는 기술은 주장을 잘 펼치는 것만큼이나 중요하다.

  나아가 질문은 생각을 여는 출발점이기도 하다. 쓰레기통은 일상 어디에서나 볼 수 있는 '생활 소품'이다. 당연한 것에 대해 특별히 고민할 사람은 없다. 그런데 누군가 "이 많은 쓰레기는 어디로 갈까?"라고 질문을 던졌다면 어떨까? 새삼스레 의문이 찾아 들것이다. 인간에게는 '왜?'에 대하여 이유를 찾으려는 '논리 본능'이 있는 탓이다. 마찬가지로 "왜 시각 장애인을 위한 안내 보도블록은 노란색일까?"라는 물음은 평소에 무심코 지나쳤던 사실에 대해 호기심을 일깨운다. 이처럼 물음은 문제를 문제로 받아들이고 해결책을 찾게 하는 중요한 계기가 된다.
  그렇다고 모든 물음이 호기심을 깨우고 해결 방안을 찾게 하지는 않는다. "인생이란 무엇인가?", "우정이란 무엇인가?" 등은 삶의 가치관을 다잡게 하는 대단히 중요한 물음이다. 하지만 일상에서 이런 부류의 물음은 너무 거대하고 추상적이어서 황당하게 여겨지기 쉽다. 그래서 대답도 뜬구름 잡는 이야기로 끝나기 쉽다.
  하지만 "넌 그렇게 당하고도 아직도 그 아이가 친구라고 생각해?"라는 물음은 어떨까? 친구의 배신으로 아파하는 사람에게 이 질문은 절실하고 중요한 문제가 아닐 수 없다. 따지고 보면 이 질문은 "우정이란 무엇인가?"라는 물음과 다르지 않다. 어떻게 답을 하느냐에 따라 우정에 대한 자신의 생각이 그대로 드러나기 때문이다.

좋은 질문이란 이렇듯 구체적인 사례를 바탕으로 본질과 핵심을 꿰뚫는다. 일본의 질문 전문가 사이토 다카시齊藤孝는 이를 "구체적이고 본질적인 질문"이라고 부른다. 그는 어느 통신회사의 설문조사를 예로 든다.

회사는 고객 만족도를 알아보기 위해 "통화 품질에 만족하십니까?"라는 물음을 던졌다고 한다. 그러나 회사는 원하는 바를 제대로 알 수 없었다. 고객들 하나하나의 취향이 다르니 대답이 객관적일 수 없었을뿐더러, 길게 설명하기 귀찮아 전화를 끊어버리는 경우도 많았기 때문이다.

고민 끝에 회사는 이 문제를 해결할 수 있는 '구체적이고 본질적인 질문'을 만들어냈다. 이번에는 고객들에게 "지금 어디에 계신가요?"라고 물었다. 회사는 이 질문으로 비로소 원하는 바를 알아낼 수 있었다. 사무실, 운동장, 상가 등등의 대답에 따라 사람들이 어디서 전화를 많이 쓰는지를 알 수 있었고, 연결된 전화 상태에 따라 장소에 따른 통화 품질도 가늠할 수 있었다.

이처럼 구체적이고 본질적인 질문은 대답하기 쉬우면서도 원하는 핵심을 꼭 짚어낼 수 있게 한다. 그렇다면 어떻게 해야 '구체적이고 본질적인 질문'을 던질 수 있을까?

먼저 내가 묻고자 하는 바의 핵심부터 정리하자. 예컨대, 선거에 서라면 내가 지도자에게 바라는 게 무엇인지부터 분명히 하라는 뜻이다. 성실성, 리더십, 배려심, 희생정신 등등. 그리고 각각의 특성이 가장 잘 드러날 수 있는 사례를 떠올리고 이에 대한 물음을 만들어보자. 학교에서 학급회장을 뽑는 선거라면 다음과 같이 물음을 꾸리는 식이다. "청소가 끝나고 20분이 지났는데도 담임선생님이 오지 않을 때 어떻게 하겠는가?"라는 물음을 통해서는 출마한 학생들의 성실성과 리더십을 가늠할 수 있을 것이다.

질문은 '성실함과 성실하지 않음', '배려심 있음과 없음'같이 알고자 하는 항목의 결과를 명확하게 가릴 수 있는 것일수록 좋다. "청소 당번이 모두 도망가고 혼자 남았을 때는 어떻게 할까?" 같은 질문이 그 예다.

마지막으로 혹시 내가 던지는 질문이 상대에게 꼭 물어야 할 것보다 나 자신의 관심사에 더 쏠려 있지는 않은지 자문해보는 과정도 꼭 필요하다. 매슬로A. Maslow는 "망치를 잘 다루는 사람은 모든 것을 못으로 생각하는 경향이 있다"라는 경고를 남겼다. 나의 편견으로 상대를 올바르지 못하게 재단하고 있지 않은지 반성해볼 일이다.

■

:: 더 생각해보기

제대로 된 지도자를 뽑기 위해서는 출마자들의 품성과 능력을 제대로 알아야 한다. 어떤 질문을 던져야 출마자들을 제대로 파악할 수 있을까? 이를 알 수 있는 '구체적이고도 본질적인 질문'들을 만들어보자.

지도자가 갖추어야 할 덕목에는 여러 가지가 있습니다. 정직과 성실, 일관성, 설득력, 리더십, 희생정신 등등. 먼저 지도자에게는 어떤 점들이 갖춰져 있어야 하는지 생각나는 대로 적어봅시다. 그리고 여러 덕목 중에서 우선해야 할 것과 별로 중요하지 않은 것을 나누어 정리하고 순위를 매겨보세요. 자신은 어떻게 덕목들의 순서를 정했는지를 토론해봅시다.

순위가 정해졌다면 각각의 덕목을 갖추고 있는지가 드러날 수 있는 구체적인 상황을 떠올려보세요. 될 수 있는 대로 모두가 알 만한 이슈와 상황을 사례로 삼아야만 질문을 던지는 의도를 다른 사람들도 쉽게 공감할 수 있답니다.

13

감정부터 보듬고 생각을 재워라
원로들의 판단 기술

"위대한 나라는 젊은이들에 의해 무너진다. 그리고 노인들이 회복시킨다."

로마의 정치가 키케로의 말이다. 이런 생각은 여전히 통한다. 미국 헌법에도 나이 제한이 있다. 서른다섯 살이 안된 이는 대통령이 될 수 없다. 그뿐 아니다. 어느 나라에서나 CEO같이 책임이 따르는 자리는 대개 오십 정도의 이들이 맡는다.

하지만 나이가 들수록 능력은 젊을 때보다 떨어지지 않는가? 몸은 굼떠지고 둔해진다. 두뇌 역시 그렇다. 젊은 두뇌가 더 빠르고 활기차다. 그럼에도 나이 든 뇌가 더 지혜로운 까닭은 무엇일까?

두뇌 연구가인 바버라 스트로치Babara Strauch는 그 까닭을 이렇게 설명한다. 젊은이의 뇌는 힘이 넘친다. 그래서 뇌의 한쪽만 쓴다. 대개는 언어와 논리를 담당하는 왼쪽 뇌가 바쁘다. 반면, 나이 든 이들은 양쪽 뇌를 다 쓴다. 점점 떨어지는 능력을 메꾸기 위해서다.

무거운 짐을 한 손으로 들 때와 양손으로 들 때를 견주어보라. 어느 쪽이 편할까? 당연히 두 손을 쓰는 경우다. 뇌도 그렇다. 뇌 절반만 놓고 보면 나이 든 뇌는 젊은 뇌보다 못하다. 그러나 나이 든 뇌의 두 쪽이 힘을 합치면 젊은 뇌 반쪽보다 낫다.

게다가 두뇌의 왼쪽과 오른쪽은 역할이 다르다. 왼쪽은 언어와 논리를, 오른쪽은 감정과 전체 맥락을 따진다. 왼쪽 두뇌에만 기대는 젊은이들은 성마르다. 반면, 양쪽 두뇌를 쓰는 이들은 보다 넓고 깊게 생각한다.

• '긍정성 효과'도 무시하기 어렵다. 이는 나이 들수록 현실을 밝게 받아들이는 모습을 일컫는 말이다. 나이 든 이들은 묵묵히 참으며 사정이 나아질 때를 기다린다. 스트로치는 그 까닭도 풀어준다. 젊은 두뇌는 나쁜 일에 예민하다. 흥분해야 내 안의 에너지를 많이 끌어내지 않겠는가. 나이 든 뇌는 다르다. 성숙한 뇌는 좀처럼 날뛰지 않는다. 감정을 일으키는 편도체amygdala가 쉽게 작동하지 않는 탓이다. 격정에 휘둘리지 않으니 차분하게 이치를 따질 수 있다.

또한 나이 든 두뇌는 요점도 잘 추려낸다. 문제에 부딪히면 성숙한 두뇌는 숱하게 쌓인 기억들을 뒤진다. 이전에 비슷한 일이 있었는지, 그 일이 어떻게 흘러갔고 끝맺음은 어땠는지를 끊임없이 떠올린다. 그리고 사소한 것은 버리고 문제의 본질을 추려낸다. 많은 경험을 통해 결과를 짐작하고 있으니, 서두르지도 않는다. 이렇게 해서 나이 든 뇌는 무난하고 뒤탈 없는 결정을 내린다. 원로들이 지혜로운 결정을 내리는 비결이다.

존경받는 원로들처럼 판단하는 방법은 없을까? 나이 든 뇌를 따라하면 될 듯싶다. 무엇보다 생각을 재우고 감정을 보듬는 것이 중요하다.

사회학자 모니카 아델트Monika Ardelt는 지혜란 "흑백이 아닌 회색으로 보는 능력"이라 말한다. 젊은 뇌는 옳고 그름을 칼같이 가리려 한다. 왼쪽 뇌가 앞서기 때문이다. 그러나 나이 든 뇌에게 절대적으로 옳고 그른 일은 없다. 감정을 읽는 오른쪽 뇌도 함께 움직이는 덕분에 반대편에도 나름의 이유와 사연이 있음을 짚어낸다. 상대를 윽박지르기보다 마음을 헤아리고 어르는 길을 찾는다.

■

부당한 장면을 보았을 때 젊은 뇌는 분노만을 느낀다. 그러나 나이 든 뇌는 '분노'와 '슬픔'을 함께 떠올린다. 상대편의 감정까지 함께 떠올린다는 뜻이다. 논쟁이 뜨거워지고 이기려는 마음이 앞설 때면, 다음 물음을 던져보자.

"상대가 느끼는 감정은 무엇일까? 상대방이 억한 마음을 품지 않게 하려면 어떻게 해야 할까?"

져야 이기는 승부는 생각보다 많다. 상처받은 자존심은 분노로 가득 찬다. 어떻게든 복수하고픈 마음이 절절하게 끓어오를 것이다. 반면, 나를 낮추고 상대의 자존감을 채워주었을 때 상대의 태도도 너그러워진다. 지혜로운 자들이 '승부'보다 '타협'을 높이 사는 까닭이다.

그다음으로 감정이 북받칠수록 서두르지 않아야 한다. 나이 든 뇌는 감정에 둔하다. 이는 맹수가 득시글대는 밀림에서는 큰 단점이다. 위기감을 느끼고 빨리 도망치지 않는다면 잡아먹히고 만다. 복잡하게 얽혀 있는 현대 사회에서는 다르다. 감정을 누르고 찬찬히 일의 맥락을 따져 묻는 쪽이 낫다. 그러니 분노와 조급함이 밀려올 때는 결정을 미루고 생각을 재우라.

마지막으로 사례와 전거典據를 충분히 조사하고 따져보아야 한다. 위기의 순간 나이 든 뇌는 자신의 경험에 묻는다. 판사들이 결정을 내릴 때도 비슷한 사건의 재판 기록을 꼼꼼히 살핀다. 옛 임금들 또한 과거 왕들의 이야기들을 열심히 공부했다. 마찬가지 상황에 처할 경우 적절한 판단을 내리기 위해서다. 결정이 어려운 순간이라면 스스로 되물어보자.

"이와 비슷한 상황이 있었는가? 그때는 어떤 결론을 내렸는가?"

결정을 내리기 위한 자료 조사와 사례 연구는 아무리 열심히 해도 지나치지 않다.

인류학자 크리스틴 호크스Kristen Hawkes는 *'할머니 가설'을 앞세운다. 인류가 살아남는 데는 할머니가 큰 역할을 했다는 이론이다. 생리가 끝난 여자는 아이를 낳지 못한다. 이때 여자(할머니)는 손주들을 돌본다. 덕분에 손주들의 생존율은 훌쩍 높아진다.

바버라 스트로치는 여기에 '나이 든 뇌의 도움'을 더한다. 할머

> **할머니 가설**grandmother hypothesis 대부분의 동물은 폐경 등으로 생식 능력을 잃은 후에는 곧 죽는다. 반면, 인간은 폐경 이후에도 삶이 오랫동안 이어진다. 할머니 가설은 이런 현상을 설명하기 위한 가설이다. 폐경 이후 여성은 자손(손주)을 보살핌으로써 종족 번식에 기여한다는 내용이다.

니의 성숙한 뇌는 좀처럼 흥분하지 않는다. 편안한 표정과 안정된 분위기로 불안해 하는 무리를 다독인다. 덕분에 집단의 판단은 보다 신중해진다. 성마른 젊은 두뇌에게는 할머니의 다독임과 편안함이 필요하다. 원로들의 지혜로움을 꾸준히 연습할 일이다.

:: 더 생각해보기

독도, 이어도 등을 놓고 영유권 분쟁이 한창이다. '원로들의 판단 기술'을 통해 합리적인 해결 방안을 찾아보자.

현명한 판단을 위해서는 상대를 헤아리는 물음을 스스로에게 던져보아야 합니다. 다음으로는 조급하게 올라오는 감정을 누르고 마음을 다독여야 합니다. 마지막으로는 충분한 조사와 연구가 필요합니다. 다음의 세 가지 물음에 대한 답을 참고해보세요.

1 독도, 이어도를 포기해야 할 때 일본과 중국이 느낄 감정은 무엇일까? 이들의 상실감(?)을 메울 대안은 없을까?

2 일본과 중국이 독도, 이어도가 자기네 땅이라 주장할 때 '우리'의 감정은 어떤가? 감정을 추스르고 침착하게 대응하려면 어떻게 해야 할까?

3 예전에도 독도, 이어도 같은 영토 분쟁이 있었는가? 합리적으로 해결한 사례가 있는가?

14

감정의 꼭짓점에서
잘잘못을 따질 필요는 없다

논리 브레이크

관우關羽가 죽자 유비는 제정신이 아니었다. 당장 오吳로 쳐들어가자며 군대를 모았다. 냉철한 전략가 제갈량은 그를 말렸다. 동생을 죽인 원수는 다음에 갚아도 된다. 지금은 조조가 죽어 혼란에 싸인 위魏를 쳐야 할 때다. 그러니 일단 오나라와 화해를 해라. 그러나 분노에 싸인 유비에게 합리적인 판단을 기대하기는 어려웠다. 유비는 원하는 대로 했고, 예상대로 패했다.

아랍의 영웅 살라딘 대왕은 관대한 사람이었다. 십자군의 횡포를 뼈저리게 겪었음에도 그는 보복을 몰랐다. 항복한 적들에게는 퇴로를 열어주었고 심지어 여비까지 주어 고향으로 돌려보내곤 했다. 그는 아랍의 분노를 잘 알았다. 하지만 격렬한 감정으로 문제를 해결할 수 없다는 진리는 더욱 잘 알고 있었다. 도를 넘어선 '응징'은 또 다른 복수를 낳을 뿐이다. 통 큰 용서와 인내는 당장은 괴롭더라도 상대에게 이성을 찾고 화해를 생각할 공간을 열어준다. 현명한 사람은 분을 풀기 위해서가 아니라 목적을 이루기 위해 무기를 든다. 살라딘은 평화가 최고의 목표임을 알고 있었고 감정에 휘둘리지 않았다.

하지만 제1차 세계대전의 승전국들은 살라딘의 지혜를 몰랐다. 그래서 가해국인 독일에 굴욕을 주고 엄청난 보상을 요구했다. 모욕당한 독일 사람들은 칼을 품었고, 이는 다시 두 번째 세계 전쟁으로 이어졌다. 그래서인지 두 번째 전쟁이 끝난 후 독일에 대한 처방은 달랐다. 이번에 독일에 주어진 것은 경제 원조와 재건 지원이었다. 그 결과가 어떤지는 독일과 유럽 국가들 사이의 친근한 관계를 보면 알 수 있다.

있는 대로 감정을 터뜨리면 화가 풀릴까? 그렇지 않다. 현명한 사람은 화를 제대로 낼 줄 안다. 폭발한 분노는 또 다른 문제를 일으키고, 그 때문에 상황은 점점 꼬여만 간다. 그럴수록 수치심과 무력감, 심지어 공포심까지 더해져 해결책을 찾기는 더욱 어려워진다.

이제 '나'의 문제를 돌아보자. 걷잡을 수 없게 화가 치밀 때 나는 어떻게 해야 할까? 일단 '내 안의 짐승'부터 다스려야 한다. 인내심이 한계에 이르면 가슴속 야수가 이빨을 드러낸다. '마음에도

∎

98

없는' 거친 말이 튀어나와 사람들에게 상처를 내고, 그 후유증으로 나는 아프고도 긴 시간을 보내게 된다.

대화 전문가들은 분노로 '뚜껑이 열릴 때' 다섯을 세라고 충고한다. 앞서 소개한 제갈량의 충고를 떠올리자. 감정이 꼭짓점에 오른 이 순간에 잘잘못을 따질 필요는 없다. 응징을 지금 당장 해야 할 필요는 없지 않은가. 이렇게 생각하며 한발 뒤로 물러서면 어느덧 '논리 브레이크'가 마음속 짐승의 고삐를 다시 움켜쥐고 있다. 꽉 붙잡고 상대의 '공격'이 끝날 때까지 기다리자.

그래도 분이 풀리지 않으면 어떻게 해야 할까? 바둑의 고수는 몇 수 앞을 내다본다. 인격이 다듬어진 사람도 그렇다. 화를 터뜨릴 때 일어날 일과 그다음 상황, 딱 두 수만 예상해보자. 예를 들어, 귀찮게 장난을 거는 선배에게 "그만하라고! 내가 뭐 샌드백인 줄 알아?"라며 성을 낸다면 어떻게 될까? 일단은 속이 후련할 것이다. 그다음은? 사람은 성숙할수록 일어날 상황의 앞뒤를 더 넓게 내다본다. 길게 보면 버럭 화를 내는 일은 줄어들기 마련이다.

그러나 참기만 해서는 마음속 응어리가 사라지지 않는다. 그러면 어떻게 해야 할까? 현명한 외교관은 대책을 내놓기 전에 이해득실을 꼼꼼하게 따진다. 영토 문제 등으로 주변 나라와 불편한 사이가 되어도 어지간해서는 막말을 내뱉는 법이 없다. 밀접하게 얽혀 있는 이웃과 험한 사이가 되면 서로에게 손해가 되는 탓이다. "유감이다"라는 완곡한 외교 어법, 그다음은 "주목하겠다"는 경고, 그래도 나아지는 바가 없으면 순시선 파견 등등 해결에 필요한 꼭 그만큼의 수단과 무력을 수위를 조절해가며 해결점을 찾는다.

이제 외교의 방법을 내가 처한 갈등에 응용해보자. 먼저 나의 상처를 말로 표현해보고, 그래도 소용없으면 경고를 한다, 나아지는 바 없으면 책임 있는 사람들에게 조정을 요청한다 등등. 이런 식으로 정리해놓은 '단계별 대책'은 참기 어려운 순간마다 논리 브레이크의 몫을 해내기 시작한다. 이번에 실패하더라도 준비된 또 다른 대안이 있기 때문이다.

벤담J. Bentham의 '쾌락 계산법'도 도움이 된다. 벤담은 어떻게 처신해야 할지 모를 때는, 상황별로 가능한 대안을 죽 펼쳐보라고 권한다. 그런 후에 다음 잣대들을 놓고 우열을 가려보면 최선의 방식이 무엇인지 이내 가릴 수 있다는 것이다. 이 결정이 얼마나 큰 쾌감을 가져다주는지, 과연 확실하게 원하는 결과를 가져오는지, 쉽게 할 만한 일인지, 얼마나 오래 나를 즐겁게 해주는지, 다른 쾌감과 연결되는지, 혹시 또 다른 고통을 낳지는 않는지 하는 각각의 질문에 0점에서 10점까지 점수를 매겨서 합산해보라. 내 행동을 분명히 하는 데 도움을 줄 것이다.

최고의 처신은 감정이 아니라 논리에서 나온다. 욱한 마음을 다스리고 행동의 결과를 계산하고 반성하라. 성숙하고 편안한 인품은 이렇게 만들어진다.

:: 더 생각해보기

누군가와 감정이 오래 쌓이고 얽혀 폭발 직전인 상황을 떠올려보고, 이럴 때 내가 할 만한 행동을 나열해보자. 대여섯 가지 경우를 놓고 벤담의 쾌락 계산법에 따라 점수를 매겨보자. 어떤 행동이 최선일까?

1 이 결정이 얼마나 큰 쾌감을 가져다주는가?
2 과연 확실하게 원하는 결과를 가져올까?
3 쉽게 할 만한 일인가?
4 얼마나 오래 나를 즐겁게 해줄까?
5 다른 쾌감과 연결되는가?
6 또 다른 고통을 낳지는 않는가?

여럿의 판단은 혼자의 결정보다 낫습니다. 다른 사람들에게도 점수를 매겨달라고 하세요. 나와 다른 이들이 매긴 점수가 서로 비슷한가요? 차이가 많이 나면 왜 그런지 상대방에게 물어봅시다. 많은 사람들에게 의견을 구할수록 더 균형 잡힌 결론을 얻을 수 있습니다.

■

15

진짜 원인을 찾아라
의도 확대의 오류에서 벗어나기

붐비는 버스 안. 앞사람의 배낭이 자꾸만 가슴에 부딪힌다. 슬슬 피어오르는 짜증. 마침내 참지 못하고 한마디 하고 만다. "아, 왜 자꾸 배낭으로 밀고 그래요!"

하지만 생각해보자. 과연 앞사람은 나를 일부러 배낭으로 밀려고 했을까? 그이는 내가 전혀 모르는 사람이다. 무슨 억한 심정이 있어서 밀었다고 보기 어렵다. 사람들 무리에 떠밀리다 보니, 자신도 모르게 배낭으로 나를 누르게 되었을 것이다.

물론, 당하는 내 입장은 다르다. 상대가 나에게 계속 압박을 해오면 이 사람이 나를 허투루 봐서 이러는가 싶은 생각에 화가 북받쳐 오른다. 이를 가리켜 논리학에서는 ● '의도 확대의 오류'라 한다.

예를 들어보자. 교통사고가 나서 사람이 죽었다. 이럴 때 유가족들은 분한 마음에 운전자에게 삿대질을 하며 달려든다. "우리 남편을 죽인 살인마야!" 그러나 사람을 치었다 해서 운전자에게 처음부터 죽일 의도가 있었다고 할 수 있을까? 결과가 그렇다고 해서 원래 뜻한 바도 마찬가지였다고 보아서는 안 된다.

홍분해 있을수록 의도 확대의 오류는 더 잘 일어난다. 계속 거치적거리는 앞사람의 배낭 때문에 화가 났다면 일단 숨을 가다듬어보자. 그리고 다음의 순서에 따라 내 생각을 점검해보라.

첫째, 오늘 나의 기분이 어땠는지부터 살펴보아야 한다. 혹시 아침에 집에서 다툰 일로 마음이 언짢아 있지는 않았던가? 산더미같이 쌓인 일들로 스트레스가 폭발 직전이지 않았던가?

어려운 상황일수록 싸움도 잦다. 시빗거리는 대부분 대수롭지 않은 일들이다. 상대방에게 쌍심지를 켜기 전에 먼저 내 마음 상태부터 살피자. 화가 나는 원인은 대개 상대의 행동이 아닌 내 안에 있다. 따져보면 다른 일로 이미 짜증 난 내 마음에 배낭이 불을 질렀을 뿐이다. 앞사람의 배낭이 못 참을 정도로 거슬렸던 게 아니다. 그 사람에게 쏟아 부은 욕설은 사실 다른 일들로 생긴 불만 탓일 것이다.

둘째, 무엇 때문에 내가 이런 감정에 휘둘리는지를 더 깊이 따져보자. 콤플렉스는 제대로 된 판단을 가로막는다. 묻지도 않은 변명을 한참 늘어놓을 때가 있다. 경찰관은 단지 신분증을 보자고 했을 뿐인데, 내가 여기 온 이유를 장황하게 늘어놓는 식이다.

마주 앉은 사람이 자기를 계속 쩨려보는 듯해서 울컥하다면 내 마음속 콤플렉스부터 살펴보라. 혹시 내 안에 남들이 나를 괴롭히지 않을까 하는 두려움은 없는지 말이다. 어떤 여자의 행동이 유독 나에게만 친절한 듯하여 가슴 뭉클하다면 먼저 내가 평소에 아쉬워하는 점이 무엇이었는지 가늠해보라. 혹시 쌀쌀맞은 어머니 탓에 마음이 늘 허전하지는 않았는지, 그래서 여자의 친절한 행동에 유독 끌리는 것은 아닌지 등등.

셋째, 내가 '성질대로' 일을 저질렀을 때 남들은 나를 어떻게 바라볼지를 짐작해보자. 앞사람의 배낭을 사납게 가로채며, "도대체 왜 밀치고 그래!" 하고 소리를 지른다면 주변 사람이 모두 나를 '정의의 심판자'로 여기며 존경의 눈으로 쳐다볼 것인가?

흥분해 있는 나는 상황을 객관적으로 보지 못한다. 하지만 상황에 별로 얽일 게 없는 주변 사람은 냉정하게 현실을 바라본다. 나 역시 화가 가라앉고 나면 여느 사람들과 다름없이 판단을 내릴 것이다. 차분해진 뒤에도 후회하지 않을 자신이 있는가? 남들도 내 행동에 옳다고 손을 들어줄 것 같은가? 생각이 이쯤까지 나아가면 막 나가는 상황은 좀처럼 벌어지지 않는다.

감정은 실제 원인을 못 보게 한다. 사랑하는 사람이 죽었을 때 의사에게 애꿎게 화풀이하는 사람이 적지 않다. 네가 돌팔이라서 병을 제대로 못 고쳤다는 식이다. 시험을 망치고 나면 아침에 먹었던 미역국이 새삼 더 불길하게 사무쳐온다.

"지피지기면 백전백승"이란 말은 감정에도 통한다. 분노에 치를 떨게 하는 상대에게 칼날을 겨누기 전에 내가 왜 이토록 화가 나는지부터 먼저 따져보자. 북받치는 감정은 늘 희생양과 핑곗거리를 찾는다는 점을 명심하자.

: : 더 생각해보기

다음과 같이 생각하는 사람들은 어떤 잘못을 저지르고 있는지를 설명해보자. 그리고 각각의 경우에 좀 더 합리적인 이유를 찾을 수 있는지도 생각해보자.

1 게임 산업이 크게 성장하고 있다. 청소년들의 폭력 사건도 늘고 있다. 게임 산업이 청소년들의 폭력에 큰 영향을 미치고 있는 게 분명하다.

■

2 "대통령을 새로 뽑고 나니까 땅값이 오르기 시작했어. 대통령은 땅값을 올리고 싶어 하는 게 확실해."

3 "대기줄이 이렇게 긴데도, 왜 김 대리는 빨리 앞사람에게 붙지 않고 뭉그적거리는 게야? 김 대리는 뒤에 선 팀원들을 골탕 먹이고 싶어서 저러는 거야."

1번은 논리학자들이 '전후 인과의 오류'라고 부르는 잘못입니다. 바로 앞에 일어난 일을 뒤에 일어난 일의 원인이라고 믿어버리는 오류이지요. 이처럼 일상에서는 시간적인 앞뒤 관계를 원인과 결과로 착각하는 일들이 종종 벌어지곤 합니다. 2, 3번은 '의도 확대의 오류'입니다. 자기 생각이 의도 확대의 오류인지를 판단하려면 내가 차분하게 사실을 있는 그대로 볼 수 있는 상태인지부터 점검해야 합니다.

16

'때문에' 말고 '위하여'를 물어라
생산적인 논쟁을 하려면

도로가 엉망진창이다. 차들도 가다 서다를 반복한다. 짜증이 치솟는 상황, 누군가 말한다.

"새로 바뀐 시장 때문에 이 난리라니까! 멀쩡한 길들을 왜 고치느냐 말이야! 공사업체에서 리베이트나 챙기려는 거 아니야? 나쁜 놈 같으니라고!"

반면, 어떤 사람은 상황을 조용히 받아들인다.

"도로 공사는 원래 끊임없이 있는 거예요. 불편해도 어쩌겠어요, 공사하면 차 막히는 게 당연한데?"

■

분노와 좌절은 종이 한 장 차이다. '누구 때문에', '무엇 때문에'라는 말을 들었을 때는 원망과 짜증이 솟구친다. 문제를 일으킨 자들을 찾아내 한바탕 난리를 피워야 속이 시원할 듯싶다. 반면, '어쩔 수 없는 상황'이라 여길 때는 어떤가? 마음이 차분히 가라앉는다. 무엇을 하려 하기보다 주어진 상황에서 어떻게든 견뎌보려고 애를 쓴다. 한마디로, '때문에'는 분노를, '어쩌지 못할 상황'은 좌절을 낳는 셈이다.

'때문에'와 '상황 탓'은 치열한 논리 다툼을 낳곤 한다. 예를 들어보자. 회사가 형편이 갑자기 어려워졌다. 직원들이 월급을 못 받는 지경에 이를 정도로 말이다. 그럴수록 직장 분위기는 점점 미묘해진다. 경영자들은 대부분 '상황 탓'을 앞세운다.

"요새 시장 '상황'이 너무 안 좋습니다. 당분간은 참고 견디며 어려움을 이겨내야 해요."

그러나 직원들의 생각은 다르다.

"사장님이 사업을 너무 무리하게 벌였기 '때문에' 이 지경까지 온 거예요. 어떻게든 나서서 해결해주셔야 하는 거 아니에요?"

·

해결책을 찾으려는 사람들은 '때문에'에 매달린다. 싸움을 하려면 상대가 분명해야 하는 법, '때문에'는 누가, 무엇이 적인지를 뚜렷하게 보여준다. '때문에'는 무언가를 향한 분노를 낳는다. 그리고 분노는 행동으로 이어진다. 상황을 이 지경으로 만든 '누구'나 '무엇'을 없애야 한다며 말이다. 혁명가들이 하나같이 '때문에'를 앞세우는 이유다. 분노한 군중은 무섭게 하나로 뭉친다. 그리고 해결을 위해 앞뒤 안 가리고 달려든다.

이런 모습은 역사에서 얼마든지 찾아볼 수 있다. 문화혁명기, 중국의 마오주의자들은 경제 실패의 원인을 '자본주의 반동분자들' 때문으로 돌렸다. 지금도 다르지 않다. 북한에서는 지지리 궁상인 처지를 '미국 제국주의자'들 탓으로 돌리지 않는가.

한편, 책임을 져야 하는 측은 정반대의 논리를 편다. 지금의 어려움을 그 누구의 잘못도 아닌, 어쩌지 못할 '상황 탓'으로 돌리는 식이다. 예컨대, 우리나라 경제가 힘든 까닭은 무엇일까? 경제 관리들은 하나같이 둘러대곤 한다. 세계경제 상황이 안 좋은 탓이라면서 말이다.

문제는 '때문에'와 '상황 탓', 이 둘이 모두 처지를 꼬이게 만든다는 점이다. 사장이 사업을 무리하게 벌였기 '때문에' 회사가 어려워졌다고? 사장에게 책임을 제대로 물었다고 해서 달라지는 것이 있는가? 어쩌지 못할 시장 '상황 탓'에 회사가 어려워졌다고?
이 사실을 인정한다고 해서 뭐가 나아지는가?

문제를 풀고 싶다면 물음을 달리 던져야 한다. 먼저, '때문에'를
더 깊이 파고들어 가보자. 사장이 사업을 무리하게 벌였기 '때문
에' 회사가 어려워졌는가? 물음의 무게중심을 '결과' 말고 '원인'
에 두어보자. 과연 사장은 무엇 '때문에' 무리수를 두어야 했을까?
눈앞에 보이는 수준을 넘어, 보다 근본적인 원인을 물어보라는 뜻
이다. 이때 문제는 달리 보이기 시작한다.

'상황 탓'도 마찬가지다. 어쩌지 못한다며 처지를 순순히 받아
들이기만 해서는 안 된다. 꾸준하게 상황을 되물어보자. 시장이 이
런 상황이 된 것은 과연 무엇 '때문'이었을까?

의사들은 눈앞의 증상만 바라보지 않는다. 발바닥이 아프다고
하는데, 허리를 유심히 바라보는 식이다. 실제로, 허리의 신경이
눌려 발바닥이 쑤신 경우도 종종 있다. 드러난 아픔에만 매달리는
치료를 '대증對症 요법'이라 한다. 이는 병을 되레 키울 수도 있다.
제대로 낫게 하려면 원인을 찾아내야 한다.

논쟁에서도 마찬가지다. 답답한 마음은 끊임없이 희생양을 찾
으려 한다. 그럴 듯한 '때문에'를 발견하면 득달같이 달려들어 화
풀이를 하고 싶을 것이다. 아니면 두려움과 막막함이 버거워서
'상황 탓'에 매달리기 쉽다. 이래야 내 책임이 아니라고 발뺌할 수

있는 까닭이다.

모든 문제는 미래를 바라볼 때 풀린다. '때문에'와 '상황 탓'은 모두 과거에서 이유를 찾는다. 이 둘이 의미 있으려면 '~을 위해서'를 다시 물어야 한다.

"사장에게 책임을 묻는 것은 무엇을 위해서인가?"
"무엇을 위해서 안 좋아진 시장 상황이라는 점을 순순히 받아들여야 하는가?"

이 두 물음에 고개를 끄덕일 만한 답이 나오는가? 그러면 논쟁을 계속해야 옳다. 그렇지 않다면 말다툼을 빨리 접어야 한다. 과거 속에서 질척거리는 것만큼 위험한 일도 없다. 아무런 발전도 이익도 없이, 영혼만 썩게 하는 탓이다. 논쟁의 목적은 해결책을 찾는 데 있다. 우리는 이 점을 쉽게 잊곤 한다.

:: 더 생각해보기
'때문에'와 '상황 탓', '~을 위해서'라는 세 잣대로 다음 문제를 분석해보자.

"여자 친구가 저를 버린 것은 저의 실직^{失職} '때문'이에요. 저는 다시 여자 친구의 마음을 돌리고 싶어요."

왜 '실직'했다는 점 '때문에' 여자 친구가 헤어지자고 했을까요? 남자 친구의 실직을 관계를 끊을 만큼 큰 문제로 여길 이유가 여자 친구에게 있었나요? 이별을 가져온 까닭이 과연 실직이라는 어쩔 수 없는 '상황 탓'일까요? 내가 상대방에게 잘못한 점은 없었을까요? 나아가 '무엇 때문에' 여자 친구와의 관계를 다시 회복해야 할까요? 이 세 물음의 차원에서 문제를 좀 더 깊게 탐구해봅시다.

17

'감정'을 죽이고 '목적'에 주목하라
나-표현법

나폴레옹의 부하 사랑은 유명하다. '황제'였음에도 그는 전쟁에서 다친 병사들을 나르기 위해 자기 마차를 내주고 목발로 언 땅을 걸어가곤 했다. 하지만 전투가 시작되면 나폴레옹은 이내 냉철한 장군으로 바뀌었다. 바로 옆에 포탄이 떨어져 병사들이 갈가리 찢겨도 그는 눈길 하나 돌리지 않았고, 오직 전쟁에서 이길 생각에만 몰두했다.

그가 명장인 이유는 여기에 있다. 동정하는 마음은 일상에서는 아름다움이지만 전투에서는 나약함으로 여겨질 뿐이다. 냉정하게 감정을 억누를 수 있을 때 사랑하는 병사들을 더 많이 구할 수 있다. 그러니 감정에 휩쓸리지 말고 목적만 생각하라. 나폴레옹은 정말 그렇게 했던 사람이다.

논쟁에서도 마찬가지다. 인터넷 기사마다 끝없이 달려 있는 댓 글을 보라. 서로 치고받는 치열함은 '전쟁'이라는 낱말을 떠올리게 한다. 그러나 그네들이 핏대를 세우는 목적은 과연 무엇일까? 상대를 꼭 설득해야 할 만큼 절박한 문제이기에 소중한 시간을 토론에 쏟는 것일까? 상대를 '굴복'시키면 과연 승리감과 짜릿함을 느낄까? 오히려 바보같이 쓸데없는 논쟁에 말려들었다는 후회 탓에 불쾌하고 분한 마음만 더 쌓이지 않을까?

싸움은 목적을 잊어버리게 한다. 처음에는 이유가 있어서 때렸지만, 한참 싸우다 보면 단지 맞았기에 보복하려고 때린다. 얻는 것 없이 서로에게 상처를 주는 일만 반복될 따름이다.

위대한 인물들은 감정에 휩싸여 목적을 잊어버리는 법이 없다. 냉철한 계산 속에서 공격하고 얻어야 할 바를 손에 넣으면 주저 없이 화해의 악수를 건넨다. 전략가 클라우제비츠Carl von Clausewitz도 "전쟁은 정치의 방법"일 뿐이라고 말하지 않았던가? 논쟁에 빠져들기 전에 이렇게 스스로 되물어보자.

"나폴레옹이라면 이럴 때 어떻게 했을까?"

질문에 답을 찾다 보면 헛된 말싸움에서 탈출할 길을 발견할 것이다.

그러나 머리끝까지 약이 오르는 상황에서 이성을 찾기란 말처럼 쉽지 않다.

"너 같은 바보와 숙제를 함께 하게 되다니……. 내가 너라면 차라리 혀를 깨물고 죽어버리고 싶겠다. 어리석기는!"

이런 말을 들었다면 어떨까? 모욕당했다는 생각에 눈앞이 흐릿해지지 않을까? 이럴 때 나는 어떻게 해야 할까? 대화 전문가들은 '번역'의 기술을 익히라고 충고한다. 말을 그대로 받아들여 흥분하지 말고, 그 진정한 의미가 무엇인지에 주목하라는 뜻이다. 친구는 정말로 내가 혀를 깨물고 죽기를 원할까? 물론 아니다. 이 말을 '번역'하면 다음과 같다.

"너는 어설프고 불성실하게 숙제를 해. 그러니 이번에는 정말 제대로 꼼꼼하게 해주었으면 좋겠어."

만약 말투 자체에 주목했다면 "너는 그 따위로밖에 말을 못하니? 네 인간성이 의심스럽다!"라는 식의 거친 반격이 튀어나오기 쉽다. 끝없는 '말꼬리 잡기'는 이렇게 시작된다.

그러나 욱하는 감정을 참고 상대의 속상하고 불안한 마음을 바라보면 흥분한 친구의 말 속에서 본심을 짚어낼 수 있다. 그러면 나는 어떻게 대꾸해야 할까? 이렇게 해보자.

"내가 숙제를 제대로 안 할까 봐 불안하구나?(상대방의 감정 읽어 주기) 네 마음은 알겠지만 그렇게 말하면 나도 마음이 상해(나의 감정 표현). 나도 잘하고 싶어. 그러니 어떻게 함께 숙제를 잘할 수 있을지 같이 이야기하지 않을래?(발전적 제안)"

대화 전문가들은 상대의 마음을 읽고 나의 감정을 표현하며 대 안을 내놓는 순서로 말하는 방식을 '나-표현법I-expression'이라고 부른다. 반격하기보다 상대의 마음을 헤아려주고, 나의 속상한 마음도 표현하라. "너는 그 따위로밖에 말을 못하니?"는 공격이지만 "네 마음은 알겠지만 그렇게 말하면 나도 마음이 상해"는 내 감정의 '표현'이다.

공격받으면 반격하고 싶어진다. 하지만 상대가 나를 이해해주고 나 때문에 받은 상처를 보여주며 이해를 구하면 화났던 마음은 금세 누그러들기 마련이다. 이런 식의 대화를 하다 보면 논쟁은 어느덧 이해와 화해로 바뀌게 된다.

주변에 성격이 급하고 화를 잘 내는 친구가 있는가? 공격하려 하지 말고 이해하고 나의 속상함을 표현하려고 노력해보자. 나-

표현법은 단단하게 맺힌 마음의 응어리를 풀어내는 좋은 대화 방법이다.

∷ 더 생각해보기

다음의 말에 담긴 진짜 의미가 무엇인지 '번역'해보자. 그리고 나-표현법에 따라 대꾸할 말을 만들어보자.

1 "이번에도 또 성적이 바닥이구나? 너 같은 돌머리가 내 자식이라니 정말 창피하다!"
2 "좀생이 같기는. 못생겼으면 성격이라도 좋아야죠. 그렇게 손이 작아서 어디다 쓸래요?"

'나-표현법'에 따라 자신의 속상한 마음을 전하는 연습을 해봅시다. 오랫동안 어긋난 인간관계는 한 번에 회복되지 않습니다. 약도 꾸준히 먹어야 효과가 나는 법입니다. 나-표현법의 꾸준한 연습을 통해 마음이 아프지도, 마음을 아프게도 하지 않는 대화 방법을 익힐 수 있습니다. 다음의 예시 답안을 참고하세요.

1 "이번에도 또 성적이 바닥이구나? 너 같은 돌머리가 내 자식이라니 정말 창피하다!"

: "제가 시험을 잘 못 봐서 많이 속상하시지요?(상대방의 감정 읽어주

기) 저도 많이 안타깝고 속상해요(나의 감정 표현). 뭐가 문제인지

상의드리고 조언도 듣고 싶어요(발전적 제안)."

2 "좀생이 같기는. 못생겼으면 성격이라도 좋아야죠. 그렇게 손이 작

아서 어디다 쓸래요?"

: "제가 담는 게 서툴러서 화가 나셨나 봐요(상대방의 감정 읽어주기).

그런데 외모를 갖고 말씀하시면 많이 당황스럽고 상처가 되네요

(나의 감정 표현). 어떻게 담아야 하는지 좀 더 상세하게 일러주시겠

어요?(발전적 제안)"

18

'공격'을 '공감'으로 바꾸고 싶다면
공감의 기술

나치 포로수용소, 젊은 게슈타포 장교는 소리를 질러댔다. 생명이 위태로운 상황, 그럼에도 여성 작가인 에티 힐레줌Etty Hillesum은 두렵지 않았다.

"나는 여간해서는 겁을 먹지 않는다. 내가 용감해서가 아니다. 내 앞의 상대 역시 같은 인간임을 알기 때문이다. 불만에 가득 찬 젊은 장교가 소리를 질렀을 때 나는 분노보다 연민을 느꼈다. 나는 이렇게 묻고 싶었다. '당신의 어린 시절은 불행했나요? 여자 친구가 당신을 실망시켰나요?' 분명히 그는 지쳐 보였다. 우울하고 약해 보이기도 했다. 이런 가엾은 젊은이들이 사회에 나왔을 때 얼마나 위험하게 바뀌는지를 나는 안다."

"무는 개는 짖지 않는다"는 말이 있다. 개는 왜 짖을까? 대개는 겁먹었기 때문이다. 인간도 별다르지 않다. 상대가 두렵고 버거울수록 목청은 되레 높아진다. 떨리는 자신의 마음을 감추기 위해서다. 진짜 좋아하는 사람 앞에서도 마찬가지다. 눈을 반짝이며 애정을 적극적으로 내보이기란 쉽지 않다. 오히려 관심 없는 척, 태연한 척하며 눈길을 애써 피하게 되지 않는가.

자기 감정에 솔직하기는 생각보다 어렵다. 내 감정을 그대로 내보이면 비웃음을 살까 봐 저어되는 탓이다. 그래서 강한 척하며 '마음의 소리'를 숨긴다. 당연히 꼭꼭 숨겨진 감정은 속을 불편하게 한다. 그러니 말이 곱게 나올 리 없다.

"왜 엄마 말을 안 들어? 병신같이 왜 하는 일마다 그 따위야?"

어머니는 진짜 내가 '병신 같다'고 말하고 싶었을까? 물론 아니다. 당신의 속뜻은 이랬을 것이다.

"나는 네가 정말 걱정돼. 소중한 내 딸이 제대로 일을 해냈으면 했어."

그럼에도 말은 '분노'와 '공격'으로 나왔다. 삐딱한 표현은 김소

월의 〈진달래꽃〉에서도 마찬가지다. 정든 님이 떠나는데도 주인공은 펑펑 울지 않겠단다. 오히려 "죽어도 아니 눈물 흘리"겠다며 마음을 다잡는다. 독해도 보통 독해 보이지 않는다. 진짜 마음도 그럴까? 물론 아닐 것이다.

우리는 사랑과 관심을 분노와 공격으로 나타내는 데 익숙하다. 애먼 사람에게 자신의 헛헛함을 가학加虐으로 털어놓을 때도 많다. 앞의 게슈타포 장교처럼 말이다. 세상은 까다롭고 딱딱한 사람들로 가득하다. 이들과 부드럽게 관계를 풀어가려면 어떻게 해야 할까?

무엇보다 그 사람의 '진짜 마음'을 제대로 짚어낼 수 있어야 한다. 예를 들어보자.

"정말 한심한 사람이군요. 바보예요? 정말 그 따위로밖에 일을 못해요?"

이런 말을 들을 때면 피가 거꾸로 솟아오른다. 따귀 맞은 기분, 당장 말로 되갚아주고 싶다.

"참 말 곱게 하시네요. 직접 해보지 그래요? 참 별꼴 다 보겠네."

121

사실, 이런 식의 대응은 '상식적(?)'이다. 그러나 이렇게 해서는 문제가 풀리지 않는다. 오히려 분위기만 험악해질 뿐이다. 공격의 말에도 배려로 답할 줄 알아야 한다. 그럴 때 관계는 금방 좋아진다. 앞의 말을 다음처럼 되받으면 어떨까?

"제가 바보 같다고요? 무슨 뜻인지……. 두 번이나 지적하셨는데도 실수가 바로잡히지 않아서 화가 나신다는 말씀이세요?"

이렇게 상대가 화가 난 이유를 정확하게 헤아려서 말로 설명해주어야 한다. 물론, 부드러운 표정과 화를 풀어주겠다는 말투도 중요하다.

이래도 분노가 사라지지 않는다면? 상대가 '그것' 때문에 화난 게 아니라고 한다면? "그럼 XX 때문이세요? 제가 잘 몰라서 그래요. 알려주시면……." 이렇게 상대를 계속 달래야 한다. 누구나 화가 나면 네 살짜리 아이가 된다. 엄마한테 투정부리는 아이를 떠올려보자. 말도 안 되는 꼬투리를 잡으며 칭얼대지 않는가. 그럴 때 "우쭈쭈, 그랬어? 많이 속상했어? 어디 보자, 엄마가……" 하며 달래주면 아이는 다시 '정상(?)'으로 돌아온다.

분노와 공격의 밑바닥에는 무시당할지 모른다는 두려움이 깔려 있다. 공격에 공격으로 맞설 때 상대방 마음속의 두려움은 더 커진다. 이럴수록 사람은 '짐승'으로 바뀌어버린다. 화를 못 이겨 막말을 쏟아낸다는 뜻이다. 반면, 두려움을 '이해'하고 따뜻하게 받아주면 어떨까? 날뛰던 상대방은 되레 나에게 미안함을 느낄 것이다.

일본인들은 '혼네本音'와 '다테마에建前'를 가려서 듣는다. 혼네는 진짜 속마음, 다테마에는 겉으로 드러난 말이다. 다테마에에 휘둘리지 않고 본심을 짚어낼 때 비로소 우리는 '이해심 깊은 사람'이 된다.

물론, 공격의 말을 배려로 되받기란 쉽지 않다. 하지만 설득력은 인격 수양과 함께 높아진다. 설득의 고수들은 말싸움의 달인이 아니다. 그들의 눈빛은 부드럽고 말투에는 배려가 넘쳐난다. 사람은 누구나 이해받고 싶어 한다. 진정한 설득력은 불안한 상대의 마음을 따뜻하게 헤아릴 줄 아는 '능력'에서 시작됨을 잊어서는 안 된다.

:: 더 생각해보기
다음 공격의 말에 이해를 담아 대꾸해보자.

1 "너는 한 번도 숙제를 제대로 한 적이 없는 멍청이야."
2 "왜 항상 말을 잘못 듣고 그래요? 귀가 멀었어요?"

■

다음 예시 답안을 참고해보세요. 앞 장에서 설명한 '나-표현법'을 다시 복습하는 것도 도움이 될 것입니다.

1 "너는 한 번도 숙제를 제대로 한 적이 없는 멍청이야."

: "그게 무슨 말씀이세요? 제가 이틀 연속으로 숙제를 안 해 와서 무척 속이 상하셨다는 말씀이신가요?"

2 "왜 항상 말을 잘못 듣고 그래요? 귀가 멀었어요?"

: "세 번을 거듭 말씀하셨는데, 제가 정확히 이해를 못해서 화가 많이 나신 것 같아요. 주의해서 듣겠습니다. 한 번만 다시 말씀해주실 수 있을까요?"

19

가식과 아부를 뛰어넘는
로젠버그의 칭찬 공식
칭찬의 기술

칭찬은 고래도 춤추게 한단다. 맞는 말이다. 칭찬을 받으면 누구나 힘이 솟는다. 그런데 항상 그렇지만은 않다. 마주칠 때마다 칭찬을 늘어놓는 사람은 어떻던가? 좋은 말도 계속되다 보면 왠지 부담스럽다. 마음속에서 뭔가 스멀거리는 느낌, 칭찬에 어떻게 대꾸해야 할지 갈수록 난감하기만 하다.

심리학자 마셜 로젠버그Marshall B. Rosenberg는 그 이유를 이렇게 풀어준다. 우리는 대가를 치르는 문화 속에서 살고 있다. 뭔가를 받았다면 그만큼 돌려주는 게 당연하다. 돈으로 값을 치르거나 품을 대신 덜어주는 식으로 말이다.

그런데 칭찬도 '받은 것'이다. 칭찬은 무언가로 돌려주어야 한다는 의무감이 새록새록 올라오게 한다. 칭찬에는 어떻게 '보답'해야 할까? 안타깝게도 우리는 그 방법을 잘 모른다. "뭘요, 아무

■

것도 아닌데요"라며 어색하게 '거부(?)'하거나 "고맙습니다"라며 생끗 웃는 정도다. 이마저도 반복되면 어색하다. 칭찬을 해도 별 대꾸가 없거나 아예 무시하고 관심을 돌리는 경우도 생긴다.

이쯤 되면 관계는 서서히 꼬여간다. "고마운 줄 모르는 인간", "받는 걸 당연하게 여기는 사람"이라는 '뒷담화'도 피어난다. 칭찬은 뻑뻑한 관계를 부드럽게 한다. 하지만 제대로 감사를 주고받을 줄 모를 때 칭찬은 오해만 낳기도 한다.

어떻게 해야 제대로 칭찬을 주고받을 수 있을까? 로젠버그는 칭찬을 주고받는 기술을 제대로 일러준다. 다음은 그가 말하는 '칭찬 공식'이다. 칭찬에는 적어도 세 가지가 들어 있어야 한다. 첫째, 나를 기쁘게 한 상대의 행동. 둘째, 그 행동으로 채워진 나의 욕구. 셋째, 욕구가 충족되었기에 피어나는 즐거운 느낌. 예를 들어보자.

"선생님이 칭찬 기술을 친절하게 설명해주신 덕분에(상대의 행동) 티격태격하는 친구에게 내 감정을 어떻게 전해야 할지 알았어요(채워진 욕구). 이제 관계를 잘 풀어갈 수 있을 것 같아서 마음이 놓여요(좋아진 기분)."

.

제대로 된 칭찬은 이런 모양새여야 한다.

사람은 누구나 감사와 칭찬을 받고 싶어 한다. 그럼에도 우리는 칭찬에 인색하다. 잘된 것보다 잘못된 것에 더 집중하는 문화 속에서 살고 있는 탓이다. 부모님이 식사를 차려주실 때마다 매일 감사를 드리는가? 대부분 '부모님은 당연히 내가 고마워하는 줄 아실 거야'라며 넘겨짚고 만다. 그래서 아무렇지 않게 식탁에 앉는다.

반면, 어설픈 반찬이 나왔을 때는 어떻게 하는가? 식사가 제때 차려지지 않았다면? 짜증과 불만은 즉시 '표현'되고, 상황이 꼬일 때마다 끊임없이 반복된다. 칭찬은 당연한 듯 생략, 비난은 적극적으로 강조되는 모양새다. 이렇게 우리의 관계는 헝클어져간다. 상대는 내가 감사하고 있음을 모른다. 듣는 말은 온통 '비난의 소리' 뿐인 탓이다. 고마움과 칭찬의 말을 적극적으로 해야 하는 이유다.

안타깝게도 사람들은 대부분 칭찬을 제대로 할 줄 모른다. 로젠버그는 잘못된 칭찬의 예를 들어준다.

"어머니께 늘 감사한 마음이에요."
"정말 좋은 설명이었어요."

이런 말은 입바른 소리로 다가오기 쉽다. 실제로, "어머니께 늘 감사한 마음이에요"라고 말해보라. 어머니는 황당한 표정을 짓기 쉽다. 도대체 무엇에 감사한다는 말인가? 야단맞을 일이 있어서 면피하려고 둘러대는 말은 아닐까? 의심의 눈초리가 피어오를 것이다. 반면, 이렇게 말하면 어떨까?

"매일 아침마다 따뜻한 아침을 받을 수 있어서(상대의 행동), 늘 마음이 푸근하고 힘이 나요(채워진 욕구). 어머니가 있어서 저는 정말 행복해요(좋아진 기분). 감사드려요."

감사는 구체적일 때 진심이 전해지는 법이다.

"좋은 설명이었어요"도 잘못된 칭찬으로 꼽힌다. 로젠버그에 따르면 이 말은 '평가'를 담고 있기 때문이다. 내가 '심판관'이 되어 상대방에게 점수를 매기는 셈이다. 이런 식의 칭찬이 계속되면 상대는 긴장하기 쉽다. 감사하는 내 마음을 읽기보다 자기 설명이 제대로 되었는지에 관심이 쏠리기 때문이다. 중요한 것은 '감정'이다. 감사하는 내 마음을 직접 드러내고 있는 그대로 전해주어야 한다.

이 점은 칭찬을 들을 때도 마찬가지다. 칭찬만 고래를 춤추게 하는 게 아니다. 칭찬에 대한 고래의 좋은 '리액션reaction'은 칭찬한 사람을 춤추게 한다. 예를 들어보자.

"그렇게 말씀해주시니 저도 너무 기뻐요(상대의 행동). 제 설명이

제대로 되었는지 걱정했는데, 마음이 놓이네요(채워진 욕구). 덕
담 덕분에 다음에는 더 잘할 수 있을 것 같아요. 정말 고맙습니다
(좋아진 기분)."

사람은 논리로 설득되지 않는다. 논리는 상대를 굴복시킬 수 있
을 뿐이다. '논리의 달인'은 재수 없게만 여겨질 때도 많다. 진정
한 설득과 합의는 '공감'으로 이루어진다. 칭찬을 주고받을 때 이
점은 매우 중요하다. 상대가 알아서 이해하고 느끼겠거니 짐작해
서는 안 된다. 일상의 숱한 오해와 갈등은 그래서 생긴다. 고마운
감정은 제대로 '표현'해야 한다. 로젠버그의 '칭찬 공식'이 고맙게
다가오는 이유다.

:: 더 생각해보기
다음의 말을 '칭찬 공식'에 따라 바꾸어보자.

1 "정말 멋진 경기였어요."
2 (상대방이 오랜 시간을 들여 서류를 찾아주었을 때) "정말 고맙습니
다."

다음의 예시 답안을 참고하세요.

■

1 "정말 멋진 경기였어요."

: "수비 둘을 제치고 가운데로 돌파하는 모습이 환상적이었어요(상대의 행동). 때문에 경기 흐름이 우리 쪽으로 바뀌어서 정말 기뻤어요(채워진 욕구). 오늘 저녁 내내 날아갈 듯한 기분일 거예요. 고맙습니다(좋아진 기분)."

2 (상대방이 오랜 시간을 들여 서류를 찾아주었을 때) "정말 고맙습니다."

: "그토록 오랫동안 저를 위해 서류를 찾아주시다니 정말 고맙습니다(상대의 행동). 도와주는 사람 하나 없어서 정말 힘들었는데, 마음이 든든해지네요(채워진 욕구). 덕분에 일을 금방 끝낼 수 있을 것 같아요(좋아진 기분)."

20

'듣기'는 충고보다 힘이 세다
위로의 기술

사람은 누구나 네 살이다. 열일곱 살이건, 마흔 살이건 상관없다. 마음 상태는 언제나 네 살 때 모습 그대로 머무르기 때문이다. 심리상담사 존 브래드쇼John Bradshaw가 주장하는 '내면 아이inner child' 이론이다.

예를 들어보자. 동생은 '나'보다 훨씬 잘났다. 인물도 훤칠하고 성적도 뛰어나다. 친척들이 모이면 늘 동생만 칭찬한다. 그때마다 '나'는 늘 초라하고 비참한 느낌이 든다. 이때 네 살 아이라면 어떻게 할까? 징징거리며 떼를 쓸지 모르겠다.

"왜 동생만 예뻐하는데? 나도 신경 써줘! 으앙."

하지만 나이가 들면 이렇게 못한다. 동생을 치켜세우는 자리,

'나'는 흐뭇한 표정을 짓고 있다. 심지어 주변의 찬사를 거들기까지 한다. 이번에도 동생이 성적 우수상을 탔다며 '추가 자랑'을 늘어놓는 식이다.

이때 마음속은 편할까? '나'의 마음속 깊이 있는 네 살 아이는 여전히 징징거린다. 나도 동생처럼 잘나고 인정받았으면 좋겠다. 그러나 성숙(?)한 '나'는 마음속 네 살 아이를 야단칠 뿐이다.

"동생이 잘했으면 기뻐해줘야지, 왜 인상을 찌푸리고 그래? 억울하면 너도 열심히 공부하면 될 것 아니야?"

내가 스스로를 옥박지르는 꼴이다. 이렇듯, 마음속 네 살 아이는 위로받지 못한다. 가슴에 상처를 안은 채 살아가기란 버겁기만 하다. 이해받지 못하는 것처럼 속상한 일도 없다. 누군가는 여리고 아픈 내 마음을 이해해주었으면 좋겠다. 어렸을 적, 엄마가 나를 어르고 달래줄 때처럼 말이다.

"우쭈쭈, 우리 아기가 그랬어? 속 많이 상했지? 사람들이 동생만 예뻐하고, 우리 아기도 잘났는데. 아이고 속상해라. 우리 귀한 아기……."

마음속의 네 살 아기는 이해와 칭찬에 목말라한다. 그래서 사람들에게 고민을 털어놓고 하소연하고 싶어 한다. 안타깝게도 마음속 네 살 아기를 달래줄 '능력'을 가진 이들은 많지 않다. 다음 시 (조신영 · 박현찬 지음,《경청》210쪽에서 인용)를 들어보라.

이야기를 들어달라고 하면
당신은 충고를 시작하지.
나는 그런 부탁을 한 적이 없어.
이야기를 들어달라고 하면
그런 식으로 생각하면 안 된다고 당신은 말하지.
당신은 내 마음을 짓뭉개지.
이야기를 들어달라고 하면
나 대신 문제를 해결해주려고 하지.
내가 원하는 것은 그런 것이 아니야.
들어주세요!
내가 원하는 것은 이것뿐,
아무것도 해주지 않아도 좋아.
그저 내 얘기만 들어주면 돼.

상대에게 도움과 위로를 주고 싶은가? 마음속 네 살 아이에게 필요한 것은 충고가 아닌 위로다. 우는 아이를 따뜻하게 달래는 엄마처럼 이해심 깊게 듣고 달래주어야 한다. 엄마들이 속상한 아이의 마음을 어떻게 보듬는지 눈여겨보라.

엄마는 안테나가 주파수를 찾듯 아이 쪽으로 몸을 살갑게 기울인다. 배려 가득한 표정으로 아이와 눈을 맞추고, 고개를 끄덕이며 이야기를 듣고 감정을 헤아려준다. 나아가 아이의 심정을 짚는 '감정 단어'를 적절하게 사용한다. 나도 내 기분이 어떤지 표현하기 어려울 때 먹먹한 마음을 콕 짚어주는 단어는 답답한 속내를 풀어준다. 다음의 대화 공식을 연습해보자.

"열심히 노력했는데도 사람들이 별로 일도 안 한 다른 사람만 칭찬할 때(감정의 이유), 황당하고 분한 마음이셨죠?(상대의 감정 진단) 얼마나 억울하셨어요?(상대의 감정 이해)"

화남, 짜증남, 답답함, 섭섭함, 황당함, 허탈함, 미움 등등 감정을 제대로 읽어주는 낱말은 터질 듯한 울화를 다독일 것이다. 온몸으로 집중하여 상대의 마음을 헤아리면서 어울리는 감정 단어를 찾아보자. 물론, 상대방의 심정을 잘못 짚을 때도 있다. 상대가 답답하다는 표정을 지으면 상대방을 이해하기 위한 추가 질문을 던지는 쪽이 낫다.

"제가 잘못 이해했나 보네요. 제가 모르는 부분이 있으면 다시 말씀해주시겠어요?"

이제 눈길을 '나'에게로 돌려보자. '나'는 과연 마음속 네 살 아이를 제대로 다독이고 있을까? 마음속 아이는 힘들다고, 외롭다고 울고 있을지 모른다. 이때 마음속 아이를 학대(?)하기 쉽다. 왜 바보같이 징징대냐며 스스로를 윽박지르는 식이다.

하지만 사람은 이해와 사랑을 받아야만 살 수 있는 존재다. 편치 않은 마음은 까칠한 태도를 낳는다. 주변 사람들에게 말이 한 마디도 곱게 나오지 않는다면 스스로에게 되물어보라. '나'의 마음이 진짜 바라는 바는 무엇일까? 주위 사람들을 공격하고 상처 주는 것일까? 물론 아니다. '나'는 사람들이 '나'의 속상한 마음을 이해하고 헤아려주기를 바랄 뿐이다. 그렇다면 내 마음속 네 살 아이가 말하고 싶은 바를 표현하도록 노력해보자.

"제 앞에서 동생만 계속 칭찬하시면 섭섭하고 소외당한다는 생각이 들어요. 그래서 답답하고 화가 나려고 해요."

앞서의 대화 공식은 나의 감정을 내보이는 데도 요긴하다. 말하는 솜씨는 연습할수록 세련되어진다. 감정 표현도 마찬가지다. 자

135

신의 감정을 자주, 적절하게 드러낼수록 마음속 어린아이는 편안해진다. 물론, 상대방의 마음속 어린아이를 위로하고 달래주는 기술도 함께 자라날 것이다.

:: 더 생각해보기

앞의 '위로 공식'을 써서 다음과 같이 주변 친구들의 마음을 다독이는 말을 만들어보자.

"네 '절친'인 소영이가 딴 친구들과 더 살갑게 지내는 모습을 볼 때마다(감정의 이유) 왠지 서운한 마음이 들었지?(상대의 감정 진단) 나라도 그 상황에서는 외롭고 배신당한 느낌이 들 것 같아(상대의 감정 이해)."

상대의 마음을 헤아릴 때는 내 기분부터 먼저 짚어보는 것이 좋습니다. 비슷한 상황에서 나는 어떻게 느꼈던가요? 상대의 감정과 태도가 이해되지 않는다면 다른 사람들에게 상대방과 같은 상황에서는 어떤 기분이 들지를 물어봅시다. 다양한 감정 경험이 늘어날수록 상대의 마음을 이해하고 헤아려주기도 쉬워집니다.

03
Speaking

결론을
만드는
대화의
기술

* 윈스턴 처칠의 말하기 기술?

윈스턴 처칠은 말더듬이였다. 심한 우울증을 앓았을뿐더러, 감정 기복도 컸다. 당연히 말실수도 적지 않았다. 간디를 가리켜 "벌거벗은 거지 승려"라고 했다가 구설수에 오르기도 했다. 제2차 세계대전 후 선거에서 패하자 "이런 배은망덕한 국가 같으니!"라는 막말(?)을 내뱉기까지 했다.

그러나 말더듬이에 성격까지 급한 처칠은 역사상 가장 위대한 연설가로 꼽힌다. 왜 그럴까? 처칠의 말에는 늘 진정성이 담겨 있었다.

그의 삶은 실패의 연속이었다. 학교 다닐 때는 열등생이었고, 보어 전쟁에서는 포로로 잡혔다. 제1차 세계대전 당시 그가 해군 장관으로 추진한 다르다넬스 전투는 영국군이 무려 20여만 명이나 죽고 다치는 비극으로 끝맺었다. 재정 장관일 때 그가 고집한 금본위제(금에 일정 화폐 가치를 부여해 통화로서 역할하게끔 만든 제도)는 경제 대공황에 한몫을 했다는 평가를 받는다.

그럼에도 처칠은 소신을 굽히지 않았다. 그는 불의에는 절대 고개를 숙이지 않았다. "무슨 일이 있어도 절대, 절대, 절대 포기하지 마라." 그는 '원칙'에 있어서는 타협이 없었다. 안 되면 될 때까지 하라. 이런 태도를 지닌 지도자의 말은 신뢰감을 주는 법이다.

또한 그는 현실적인 정치인이었다. 원칙을 지키고 이루는 데는 타협과 대화가 필요함을 잘 알았다. 처칠은 미국 루스벨트 대통령에게 1000통이 넘는 편지를 썼다. 전쟁을 꺼리는 미국을 설득하기 위해서였다. 상대의 입장을 최대한 이해하고 합의를 위한 노력을 놓지 않았다는 뜻이다. 게다가 처칠은 기품 있게 말하고 쓸 줄 알았다. 그는 노벨문학상을 받기까지 한 문호이기도 하다.

뚜렷한 가치관, 절충과 타협을 이끄는 자세, 균형 잡힌 논리와 꾸준한 추진력, 명확한 제스처로 이미지 전달하기 등등 처칠에게는 설득력 있게 말하기 위한 모든 능력이 갖추어져 있었다.

이 부에서는 '말하기'를 다룬다. 이 부는 '처칠의 말하기 기술'이라는 부제를 달아도 좋겠다(물론, 어디에도 처칠에 대한 직접적인 언급은 없다). 글쓰기는 종이나 화면을 상대로 한다. 반면, 말하기는 서로 얼굴을 마주보며 한다. 그만큼 영혼이 분명하게 드러나는 일이다. 영혼을 울리기 위해서는 논리 이상의 무엇이 필요하다. 따라서 이 부에서는 이미지를 만들고 기르는 방법에도 상당한 공을 들였다. 또한 설득과 타협을 위한 자세와 기법을 보여주는 데도 신경을 썼다. 내용을 따라가다 보면 시가를 물고 웃으며 'V'자를 그리는 처칠의 모습이 떠오를지도 모르겠다.

21

절충과 타협의 기술
만족화

일처리에서 공정한 절차는 매우 중요하다. 의견을 최대한 듣고 충분한 토론을 거쳐 결론을 하나로 모을 것. 공정한 절차의 요건들은 이렇다. 하지만 가지각색의 목소리를 하나로 통일시키기란 무척이나 어렵다. 때로는 협의 과정에서 감정이 상해 큰 문제가 불거지기도 하고, 억지로 타협점을 찾다 보니 결론은 엉뚱한 쪽으로 치닫곤 한다.

대화 없이 한쪽의 뜻을 밀어붙이는 방식은 더 위험하다. 전쟁은 일방적인 결정의 대표 격이다. 상대가 내 뜻을 따르도록 힘으로 짓밟는 것이 전쟁이다. 그러나 뒤끝 없는 싸움은 없다. 무시당하고 억눌린 쪽을 다독이지 않으면 언제든 상대방은 다시 대들 것이다. 일상생활도 마찬가지여서, 협의 없는 '통보'와 '방침'치고 분란이 없는 경우는 별로 없다.

■

여러 의견을 잘 조율하여 최선의 방안을 이끌어내려면 어떻게 해야 할까? 먼저 '완벽한 결정'의 의미를 다르게 받아들여야 한다. 공학자 헨리 페트로스키Henry Petroski에 따르면, '완벽함'이란 내가 원하던 바를 100퍼센트 얻는 것을 의미하지 않는다. '필요하고 마땅하게 갖추어야 할 모든 항목과 특징을 갖춘 수준'이라면 이를 '완벽한 결론'이라고 보아도 좋겠다.

'완벽함'을 이런 뜻으로 받아들이면 대화는 훨씬 부드러워진다. 내 주장이 꺾여도 상관없다. 원래 내가 설득시키려고 했던 'XX라는 사항이 OO한 정도'로 받아들여졌다면 말이다. 전투기 설계를 예로 들어보자. 해군과 공군이 바라는 전투기의 능력은 서로 다르다. 해군은 배에 실을 수 있을 만큼 작고 항공모함의 짧은 활주로에서 이륙할 수 있을 만큼 엔진이 뛰어난 비행기를 원한다. 반면, 공군은 무기를 충분히 실을 수 있을 만큼 덩치 있고 날개가 큰 전투기를 원한다. 해군과 공군의 요구 사항은 서로 충돌한다. 어떻게 이를 조화시킬 수 있을까?

'필요하고 마땅하게 갖추어야 할 모든 항목과 특징을 갖춘 수준'이라는 잣대로 보면 합의점은 쉽게 보인다. '좁은 공간에 여러 대를 실을 수 있고 무기를 충분히 탑재하면서도 날렵한 전투기'를 설계한다면 양쪽 모두를 만족시킬 수 있다.

논의는 흔히 논쟁이 되어버리기 쉽다. 상대의 주장을 꺾어야 내 뜻을 이룰 수 있다는 조급함 때문이다. 반면, 이렇게 완벽한 결과에 대한 잣대부터 합의하고 논의한다면 그다음 논의는 생산적으로 흐르기 마련이다. 팬텀이나 F-18 같은 전투기들은 이런 과정을 통해 탄생했다.

사회학자 허버트 A. 사이먼Herbert A. Simon은 의사결정이란 '만족화satisficing' 과정이라고 말한다. 만족화란 '만족시키다satisfying'와 '충분하다sufficing'를 합한 말이다. 즉 '최선은 아니지만 만족할 만한 해결책을 얻는 과정'이라는 뜻이다. '좁은 공간에 구겨 넣을 만큼 작으면서도 무기까지 가득 달 수 있는 비행기'는 어쩌면 불가능할지도 모른다. 그러나 어차피 협의란 한계들 속에서 타협과 절충을 이루는 과정이다. 이 가운데 양쪽이 합의한 목표는 현실에서 실현 가능한 방안 중 최선의 결과를 뜻한다.

물론 논의를 통해 합의의 기준을 정하는 과정도 녹록지 않다. 길고 어려운 과정 중에서 좋은 결과를 얻으려면 다음의 원리를 마음에 새겨야 한다. 첫 번째는 '자비의 원리'다. 자비의 원리란 특별히 반대할 이유를 찾을 수 없는 한, 상대의 주장은 옳으며 나름의 정당한 이유와 사정이 있다고 믿는 태도를 말한다. 감정이 상한 상태에서는 상대방이 무슨 말을 하건 삐딱하게 들리기 마련이다. 이럴 경우 상대의 주장은 항상 '이기적이고 현실을 모르고 미래를 대비하지 못하는 고집불통 억지 주장'같이만 여겨진다. 하지만 상대도 나름의 경험과 이유를 바탕으로 최선의 안을 찾으려 한다는 사실을 잊어서는 안 된다. 불쑥 튀어나오는 감정들을 억누르고 자비의 원리를 잊지 않는다면 최고의 합의와 결론은 어느덧 현실이 되어 있을 것이다.

두 번째로, [●]'욕구 지연'의 원리도 익히고 있어야 한다. 어린아이는 자신이 바라는 바를 당장 이루기를 바란다. 그러나 성숙한 어른은 원하는 바를 얻기까지 오래 기다리며 노력할 줄 안다. 오래도록 바라고 준비한 결과일수록 더 성공적이고 달콤한 법이다. 당장 원하는 바를 얻겠다는 조급함을 버리고 느긋하게 협상에 나서보자. 성숙한 인격들끼리는 설득과 타협도 쉽다.

> 욕구 지연delay of gratification 미래의 더 큰 이득을 위해 당장의 욕심을 참아내는 것을 말한다. 욕구 지연과 관련해서는 심리학자 월터 미셸Walter Mischel의 '마시멜로 실험' 이 유명하다.

:: 더 생각해보기

노사는 대부분 임금 인상과 복지 확대, 가격 경쟁력 향상과 생산성 증대라는 주장을 앞세우며 서로 맞선다. 앞서 설명한 만족화의 설명에 따라 양쪽이 모두 고개를 끄덕이며 협의에 나설 만한

'최선의 결과'를 한 문장으로 정리하여 제시해보자.

합의를 위해서는 서로의 주장을 정확하게 이해하고 확인하는 과정이 먼저 있어야 합니다. 자비의 원칙에 따라 양측은 상대방의 주장에 나름의 타당한 이유가 있다고 믿어야 합니다. 상대를 이해하겠다는 마음 자세로 상대방의 입장을 꼼꼼하게 챙겨봅시다. 그리고 서로가 받아들일 만한 '완벽한 결론'이 무엇인지를 먼저 짜봅시다. 목표를 분명히 하면 일의 능률이 오릅니다. 도달할 수 있는 최선의 결과를 명확히 할 때 논의도 속도감 있고 생산적으로 진행됩니다.

22

생각의 차이를 좁히는 첫 번째 단계
정의 내리기

토론은 생각의 차이를 좁히는 좋은 방법이다. 하지만 이야기를 나눌수록 서로 감정만 상하는 경우도 많다. 말꼬리 잡기와 높아지는 언성은 토론이 수렁에 빠질 때 흔히 나타나는 모습이다. 제대로 된 토론이라면 말을 섞을수록 문제가 분명해지고 합의점도 뚜렷해져야 한다. 토론이 말다툼으로 바뀌지 않으려면 어떻게 해야 할까?

먼저 논의의 중심이 되는 낱말들부터 분명히 하자. 다음 '토론'을 살펴보자.

"박정희 대통령은 최고의 지도자였어. 우리나라 경제가 자라날 발판을 만들었으니까."

"무슨 소리, 최고의 지도자는 백범 김구 선생이야. 정치가들 모두가 그를 존경하잖아."

.

이 토론이 과연 합의에 이를 수 있을까? 아마도 쉽지 않겠다. 이런 식의 대화는 무늬만 토론이다. 서로 자기 이야기를 늘어놓을 뿐, 토론은 아예 시작도 못하고 끝나기 쉽다. 이 경우 '최고의 지도자'는 무엇을 말하는지에 대해 먼저 합의가 이루어져야 비로소 논의가 출발할 수 있다.

하지만 논쟁의 중심을 차지하는 말들이 무슨 뜻인지에 대해 의견을 모으기란 쉽지 않다. 민주주의, 자유, 평등 같은 커다란 말들은 더욱 그렇다. 우리나라 헌법은 자유 '민주주의'를 내세운다. 북측의 나라 이름은 조선 '민주주의' 인민공화국이다. 그럼에도 남북이 '민주적인 통일국가'를 이루기란 쉽지 않다. 민주주의에 대한 생각이 전혀 다른 까닭이다. 그렇다면 토론에 참여하는 이들 모두가 고개를 끄덕이게끔 핵심 낱말의 뜻을 모으는 방법은 무엇일까?

낱말의 뜻을 정하는 일을 정의定義라고 한다. 정의를 내리는 절차는 합의를 끌어내는 과정이기도 하다. 예컨대, 무엇이 정당방위인지를 정의 내려보라. 처벌이 걸려 있는 문제에는 토론자들의 신경이 곤두서게 마련이다. 정당방위를 무엇으로 보느냐에 따라 죄가 있고 없음이 갈리는 것이다.

이럴 때는 '정당방위란 ~이다'라고 접근하기보다 '~은 정당방위가 아니다'라는 쪽으로 논의를 좁혀보자. 상대를 죽일 작정으로 휘두른 주먹은 정당방위라 할 수 없다. 또 충분히 도망칠 수 있었는데도 상대방을 해쳤다면 이 또한 정당방위라 보기 힘들다. 이런 식으로 '~이 아닌 것'을 정리하다 보면 정의 내리려고 하는 것이 점점 분명하게 다가온다.

어느 정도 논의가 좁혀졌다면 이제 정당방위가 무엇인지에 대한 합의에 이를 차례다. 모든 일은 상황에 따라 바뀌기 마련이다. 먼저, 무엇 때문에 정당방위를 정의하려고 하는지를 고민해보라.

보르헤스Jorge Luis Borges의 《상상의 중국 백과사전》에는 재미있는 구절이 나온다. 중국의 백과사전은 동물을 이렇게 나눈다고 한다. "황제에게 속한 것, 미라로 만든 것, 조그만 돼지, 바다 요정, 전설의 동물, 배회하는 개, 미친 짓을 하는 것, 물주전자를 깬 것, 멀리 있는 파리와 닮은 것."

언뜻 보기에 무척 괴상한 분류다. 하지만 황제 곁에서 동물을 보살펴야 하는 관리에게는 이런 구분법이 도움이 된다. 예컨대, 그에게는 고양이가 포유류인지 파충류인지 하는 분류는 전혀 도움이 안 된다. 오히려 '황제에게 속한 것'인지 아닌지가 요긴한 잣대로 다가올 것이다. 황제에게 속한 고양이라면 '배회하는 개'에게 하듯 함부로 대하면 안 된다는 '지침'을 분명하게 주기 때문이다.

일상의 논쟁에서도 마찬가지다. 의사들은 몸이 가장 탈 없이 움직이는 상태를 잣대 삼아 이상적인 몸무게를 정한다. 반면, 모델들에게 이상 체중이란 옷맵시가 가장 멋지게 나오는 몸의 균형 상태를 의미한다. 말을 모는 기수들에게는 말에게 부담을 주지 않으면서도 말을 쉽게 조종할 수 있는 몸무게가 바람직한 체중이다. 논의의 목적부터 제대로 잡아야 원하는 정의에 이를 수 있다.

나아가 정의의 기본은 '너무 넓지도 너무 좁지도 않게 꼭 그만큼만'으로 낱말의 뜻을 조이는 데 있다. '나 자신을 지키기 위해 폭력을 쓰는 일'이라는 정당방위의 정의는 갈등을 푸는 데 별 도움을 못 준다. 논의의 고비 고비마다 반박이 쏟아지는 까닭이다. 나 자신을 지킨다는 말은 무슨 뜻인지, 폭력이란 무엇인지 등등.

이런 이유로 사회과학자들은 정의를 내리는 데 수치를 끌어들이기도 한다. '국민의 뜻'을 '국민투표 결과 50퍼센트 이상의 지지를 받는 경우' 등등으로 규정하는 것이 대표적인 사례다. • '조작적 정의'라고 불리는 이런 방법은 생활 곳곳에서 많이 쓰인다. 입시에서도 '합격자'란 보통 '관련 교육과정을 모두 마치고 평가 시험에서 몇 점 이상을 받은 자' 등등으로 정의된다.

일상의 삶 곳곳에는 숱한 정의 내림이 숨어 있다. 토론에 뛰어들

조작적 정의operational definition 주관적인 생각과 느낌을 배제하고 측정과 검증이 가능한 형태로 개념을 정의하는 것을 말한다.

기에 앞서 대화 속에 숨어 있는 정의들을 추려보자. 그리고 이것이 무슨 뜻인지부터 진지하게 고민해보라. 민족통일을 이야기한다면 과연 '한민족'이란 무엇인지부터 생각해보자. 성희롱 문제를 다룬다면 '성희롱'의 뜻부터 먼저 따져보자. 어디가 싸움터인지 모르는 혼란스러운 전쟁은 시작도 끝도 없이 상처만 남긴다. 전선戰線이 분명한 전쟁은 승부도 깔끔하다. 토론도 그렇다. 쟁점이 되는 낱말의 뜻부터 분명하게 해야 한다.

:: 더 생각해보기

다음을 정의 내려보자.

1 '좋은 대학'이란 무엇인가?
2 대통령 후보에게 기대되는 '청렴함'이란 무엇인가?
3 '살기 좋은 나라'란 무슨 뜻인가?

토론을 제대로 하려면 논의의 핵심이 되는 낱말에 대한 정의가 필요합니다. 핵심 낱말의 뜻을 정하려다 보면 각자의 편견들이 드러나곤합니다. 일단 '낱말 뜻에 해당하지 않는 것'부터 빼나가면서 논의의 폭을 좁혀봅시다. 무엇 때문에 정의를 내리려 하는지, 논의의 목적을 분명히 해야 합니다. 그래야 논의에 걸맞은 정의에 이를 수 있습니다.

·

23

모노로그에서 디아로그로
논리 균형 잡기

설득에는 항상 상대가 있다. 그래서 설득은 근본적으로 둘 사이의 대화dialogue다. 하지만 대화하는 시늉만 할 뿐, 사실은 독백monologue만 늘어놓는 사람도 많다. 귀는 닫고 입만 열어놓는 식이다. 자기 목소리가 커지면 호소력도 높아지리라 착각하는 듯하다.

사람에게는 누구에게나 논리 균형감각이 있다. 어느 한쪽의 이야기만 일방적으로 들으면 되레 반감이 싹튼다. 예컨대, 지금 40~50대인 '386세대'는 학창 시절 반공교육을 가장 집요하게 받은 세대다. 그럼에도 오히려 사회주의에 대한 관심이 가장 많은 세대로 꼽힌다. 녹음기처럼 반복되는 아버지의 훈계는 뭉클한 감동은커녕 반항심만 스멀거리게 하지 않는가?

설득은 상대의 마음을 움직여서 내 논리에 수긍하게 만드는 과정이다. 어떻게 해야 상대의 마음을 열게 할까? 논리 균형을 잡는

다음의 과정을 따라가 보자.

첫째, '가분수 비판'을 피해야 한다. 가분수 비판이란 알려진 사실은 적은 데 비해 너무 많은 비판을 늘어놓는 일을 말한다. 간도 갈등이나 동북공정에 대해 여기저기서 주워들은 풍월은 꽤 많을지 몰라도 정확한 정보를 알고 있는 이들은 별로 없다. 역사교육이 강조되는 이유는 여기 있다. 비판을 하려면 먼저 사실 관계를 정확히 밝혀내야 한다.

둘째, 쟁점을 분명히 해야 한다. 똑같은 사실을 놓고도 받아들이는 문제가 서로 다르면 토론을 해봤자 소용이 없다. 논리학의 •'인신공격의 오류'나 •'논점 일탈의 오류'가 여기에 해당된다. 트랜스젠더들의 사랑 문제를 다루면서 "XX는 아주 문란하다"는 식의 비난을 하는 것은 인신공격일 뿐이다. 마찬가지로 대선 주자들의 능력을 검증하는 자리에서 "XX에게는 숨겨둔 딸이 있다"라고 비난하는 것은 논점이 빗나간 곳으로 논의를 이끈다. 지금 내가 문제

인신공격의 오류 쟁점과 상관없이 주장을 펴는 사람의 인성이나 경력 등을 트집 잡아 공격하는 오류를 말한다.
논점 일탈의 오류 엉뚱한 쟁점을 제기해 주의를 분산시켜 논의를 어렵게 만드는 오류이다.

삼은 부분이 사건의 '쟁점이 될 수 있는 것'인가를 따지며 논의를 펼쳐야 한다.

격투기 시합은 링 안에서만 해야 한다. 링 밖에서 상대 선수를 꺼꾸러뜨렸다면 이는 '승리'가 아니라 '폭행'에 지나지 않는다. 논쟁도 마찬가지다. 자신이 문제 삼는 부분을 명확히 하지 않으면 제3자의 눈에 논의는 이내 인신공격이나 비난으로 여겨지곤 한다.

셋째, 상대의 주장이 무엇인지를 소개하고 정리해야 한다. 자신이 벌이는 논쟁에 대해 다른 이들이 자기편이 되어주기를 바란다면 절대 자기주장만 늘어놓아서는 안 된다. 객관적이고 공정하게 내가 문제 삼는 상대편의 주장이 무엇인지를 먼저 깔끔하게 정리해주자. 모든 이해는 근본적으로 오해다. 해석 과정에 나의 관점이 담길 수밖에 없는 까닭이다. 그래서 상대편의 주장을 먼저 정리하는 작업은 내 안의 오해를 없애는 과정이기도 하다.

넷째, 이제 상대의 주장에 대한 반론을 펴게 되는데 이때 쟁점을 정교하게 잡아서 강하게 때려야 한다. 훌륭한 외과의사는 수술할 부위를 정확하게 짚어내 최소한의 피만 흘리게 한다. 좋은 반론도 마찬가지다. 예나 지금이나 길고 장황한 글치고 설득력이 높은 경우는 없다. 승전 후 던진 "왔노라, 보았노라, 이겼노라!veni, vidi, vici"라는 카이사르Julius Caesar의 세 마디는 그에 반하는 귀족들의 길고도 엄청났던 반론을 단번에 제압해버리지 않았던가.

■

153

그다음은 생각을 깊고 넓게 만드는 단계다. 반박에서 멈추지 말고, 내 주장에 대해 상대방이 다시 내세울 재반박까지 생각해보라. 주장 끝에 "물론, 여기에 대해서는 ～라는 비판이 가능하다"라는 식으로 말이다. 상대가 말하고 싶은 바를 미리 말하고 해결 방안을 제시할 때 비판의 힘은 두 배가 된다. 예상되는 반론을 짚고 나름의 대책을 제시해보자.

마지막으로, 결론을 내려야 할 단계다. 모든 설득은 생산적이어야 한다. 단순히 상대의 주장을 비판하는 데 목적을 둔다면 논의는 '비난을 위한 비난'에 그칠 뿐이다. 상대와 내가 동시에 납득할 방안을 찾는 데 힘을 모아보자. 도저히 좋은 해결책이 떠오르지 않으면 "이 문제는 우리가 더 깊이 생각해봐야 할 화두다"라는 식으로 결론을 열어놓는 것도 방법이다. 부족함을 솔직하게 열어놓을 때 인간됨의 크기가 훨씬 커 보인다.

설득은 이야기를 주고받는 가운데 이루어진다. 혼자 말하더라도 논리는 상대와 나의 주장이 서로 대화를 끊임없이 주고받는 형식으로 되어 있어야 한다. 논리 균형이 무너진 주장은 독설이거나 귀 아픈 잔소리일 뿐이다.

무술의 겨루기에는 '약속 대련'이 있다. 정해진 순서와 방식에 따라 겨루기를 진행하는 것이다. 다음 주제 중 하나를 골라 '사실 확인', '논점 잡기', '상대 주장 소개', '반론', '재반론 검토', '대안 제시' 순서로 찬반토론을 진행해보자.

1 자유무역협정(FTA)에 대한 찬성과 반대

2 주 5일제 전면 실시에 대한 찬성과 반대

3 군가산점제 도입에 대한 찬성과 반대

토론에 앞서 주제에 대한 충분한 배경 지식을 갖추어야 합니다. 또한 토론을 연습할 때는 상대를 배려하는 태도와 논리 균형감각을 유지한 채 논의를 펼치는 능력을 기르는 데 방점을 두어야 합니다.

■

24

존중하며 반복하라
설득을 위한 여섯 물음

히틀러의 군대는 강했다. 전차를 앞세운 전격전 앞에 유럽은 속수무책이었다. 어떤 군대도 파괴력과 신속함에 있어 나치를 당해 내지 못했다. 초楚나라 항우項羽는 또 어떤가. 그가 강동江東에서 데리고 온 철기병은 천하무적이었다. 항우 자체도 무시무시한 장군이었다. 그는 항복한 제齊나라 병사들을 산 채로 땅에 묻었다. 그에게 맞섰다간 끔찍한 결과를 맞을 뿐이었다.

하지만 이들의 나라는 얼마나 갔을까? 역사에서 힘만 센 자가 오래가는 경우는 별로 없다. 히틀러의 제국은 10년 남짓을 겨우 버텼을 뿐이다. 항우의 초나라는 사람 좋던 유방劉邦의 한漢나라에 패했다. 그리고 항우는 스스로 목숨을 끊었다.

힘으로는 결코 상대를 이기지 못한다. 마지못해 잠깐 고개를 숙이게 할 뿐이다. 내가 약해지면 상대는 더욱 강고하게 나에게 맞설 것이다. 그러니 늘 긴장하고 있어야 한다. 시간이 갈수록 나는 점점 지쳐가고, 결국 힘으로 버티던 승리는 헛수고로 끝날 것이다.

진짜 이기고 싶다면 상대의 마음을 사야 한다. 나의 바람이 상대에게도 이로움을 보이라는 뜻이다. 싸움은 상대를 때려눕히기만 하면 된다. 하지만 설득은 상대를 되레 따뜻하게 보듬어야 한다. 설득은 '말싸움'이 아니다. 말싸움으로 상대를 이기면 뭐 하겠는가. 자존심 구긴 상대가 내 말에 진정으로 고개를 끄덕일 리가 없는데. 정성을 다해 위하고 대접해야만 상대는 내 말에 마음을 연다.

그래서 설득은 어렵다. 특히 상대가 내 생각과 전혀 다른 의견을 품고 있을 때는 더 그렇다. 어떻게 해야 설득을 훌륭하게 해낼 수 있을까? 산업공학자인 루기에로Vincent Ryan Ruggiero는 다음과 같은 물음을 곱씹으라고 충고한다.

1. 상대방은 어떤 '편견'에 사로잡혀 있는가?
2. 상대방의 시각이 편협한가?
3. 상대방이 중요한 사항을 흘려 보고 있지는 않은가?
4. 상대방이 지금의 이슈를 얼마나 이해하고 있는가?
5. 내가 아는 사실을 상대도 알고 있는가?
6. 상대는 나의 생각이 합리적임을 알고 있는가?

.

157

질문을 하나하나 풀어가 보자. 여자는 집안 살림만 해야 한다고 믿는 어른이 있다고 해보자. 이 사람에게 여자 국회의원 후보를 찍으라고 만날 설득해봐야 소용이 없다. 그이를 옥죄는 '편견'이 너무 큰 탓이다. 이럴 경우에는 '길게 돌아가는 설득'을 해야 한다. 선거보다는 '우리 시대 여성의 역할'부터 먼저 논의를 펼쳐야 한다는 뜻이다.

상대의 시각이 편협할 경우는 어떨까? 평생 '안정된 직장이 최고'라는 믿음으로 살아온 사람이 있다면? 이 사람은 '튼튼한 밥그릇'을 잣대로 세상을 살아간다. 모험과 도전은 먼 나라 이야기다. 이런 사람들에게는 그들 나름의 '상식'을 뒤흔드는 작업부터 해야한다. "왜 안정된 직업이 최고예요?", "모험하는 삶이 꼭 나쁜 것인가요?" 등등. 물음은 굳은 머리를 뒤흔드는 힘이 있다. 설득을하려면 먼저 상대가 믿는 사실이 틀릴 수 있음을 일깨워줘야 한다.

나아가 상대방이 중요한 사항을 소홀히 보는 일도 흔하게 벌어진다. 핵심을 보지 않고 곁다리에만 관심을 갖는 식이다. 경품에홀려 비싼 상품을 사는 일만 해도 그렇다. 핵심인 상품은 대충 보고 미끼에만 마음을 빼앗긴 탓이다. 숨은그림찾기도 마찬가지다. 배경에 시선을 빼앗겨 정작 그 안에서 찾아야 할 것은 놓쳐버린다. 이럴 때는 "뭘 살 건지 생각해보셨어요?", "그림에서 '국자'를 찾으셔야 합니다" 하는 식으로 무엇이 본질인지 되새겨주어야 한다.

.

또한 상대가 상황을 이해하지 못해 논의가 꼬일 때도 많다. "왜 그게 문제인데?", '별것 아닌 일로 시비하지 맙시다' 등등 억장을 뒤집어놓는 소리를 들을 때는 어떻게 해야 할까? 이럴 때는 '평가'를 하지 말아야 한다. "모르는 소리 하지 말아요", "이건 아주 중요한 문제입니다"라는 식으로 말이다.

대신 내가 알고 느끼게 된 상황을 있는 그대로 들려주는 편이 낫다. 공지영의 소설을 영화로 만든 〈도가니〉를 예로 들어보자. 그전에는 "장애인에 대한 성폭력이 심각합니다"라고 아무리 외쳐봐야 별 반향이 없었다. 하지만 영화를 통해 청각 장애인들이 겪었던 사정을 그대로 보여주었을 때는 어땠는가?

나의 지금 생각을 부르짖기보다 내가 지금의 생각을 갖게 되기까지 보고 느낀 과정을 충분하게 펼쳐 보여주는 쪽이 낫다. 당신도 제정신을 갖고 있다면 나와 같이 느끼지 않겠느냐며 말이다.

충분히 설득을 펼쳤는데도 상대가 여전히 고개를 갸웃거릴 때는 어떻게 해야 할까? 여전히 내 의견에 2퍼센트 부족함을 느낀다면서 마뜩잖은 표정을 짓고 있다면? 이럴 때는 나와 다른 생각들과 이에 따르는 결과를 충분히 펼쳐주어야 한다. 다른 의견들도 있겠지만 내 의견만큼 좋은 대안이 되지 못함을 보여주라는 뜻이다.

사실 루기에로의 여섯 물음은 별스러울 게 없다. 실제 설득에서

써먹으려 해도 큰 도움은 안 될 것이다. 여섯 물음을 완전히 이해했다 해도 상대의 마음을 돌리는 데는 너무 오랜 시간이 걸리는 탓이다.

그러나 설득의 고갱이는 '시간'과 '끈기'에 있다. 상대방이 앉은 자리에서 생각을 180도 돌리는 일은 거의 일어나지 않는다. 설득은 여러 번 반복해서 꾸준하게 해야 한다. 종교인이 신앙을 전할 때처럼 말이다. 상대가 강하게 반발해도 합리적으로 거듭 이야기하라. 속이 뒤집힌다 해도 끈기 있게 상대의 반론을 들어주어야 한다. 세 번이고 네 번이고 상대를 존중하는 마음으로 듣고, 앞의 여섯 물음에 따라 상대가 놓치는 점을 일깨워주어야 한다.

유비가 제갈량을 얻기까지는 삼고초려의 노력이 있었다. 설득은 마음을 사는 일이다. 그리고 마음을 사는 데는 시간과 노력이 필요하다. 여기에는 예외도, 빠른 길도 없다.

:: 더 생각해보기

다음 주장들의 취약점을 루기에로의 여섯 물음에 비추어 지적해보자.

1 "강의 평가는 절대 옳지 못해. 아이가 어른을 평가하다니, 상놈들이나 할 짓이지!"

2 "꼭 지금 휴대전화를 사야 해요. 가입비가 무료라잖아요!"

3 "오늘 꼭 조퇴해야 합니다. 정말 급해요."

위의 주장들에서는 다음과 같은 취약점을 발견할 수 있습니다.

1 "강의 평가는 절대 옳지 못해. 아이가 어른을 평가하다니, 상놈들이 나 할 짓이지!"

: '어떤 편견에 사로잡혀 있는가?'에 비추어 지적해야 합니다. 상하 와 노소를 엄격히 따지는 유교적 세계관에 사로잡혀 있습니다. 설 득을 위해서는 이것이 옳은지에 대한 토론부터 먼저 해야 합니다.

2 "꼭 지금 휴대전화를 사야 해요. 가입비가 무료라잖아요!"

: '시각이 편협한가?'의 관점에서 비판해야 합니다. 휴대전화를 갖 고 싶은 절절한 마음은 여러 정보를 놓치게 합니다. 기술은 발전 하고 가격은 떨어지므로 지금 안 사도 더 좋은 휴대전화를 얻을 기회는 앞으로도 많습니다.

3 "오늘 꼭 조퇴해야 합니다. 정말 급해요."

: '내가 아는 사실을 상대도 알고 있는가?'의 관점에서 바라보아야 합 니다. 나에게는 절실하나 상대는 나의 다급함을 알 리가 없습니다. 내가 조퇴해야 하는 상황을 상대에게 충분하게 설명해야 합니다.

25

'스토커 논리'를 극복하라
논리 객관성

꿩은 다급하면 머리를 풀숲에 처박는다. 자기 눈에 세상이 안 보이면 세상도 자기를 못 볼 것이라 여겨서다. 어처구니가 없지만 의외로 우리 주변에는 '꿩 같은 논리'로 살아가는 이들이 꽤 많다.

사람들은 들어야 할 말보다는 듣고 싶은 말에 더 혹하기 마련이다. 아부가 통하는 이유도 여기에 있다. 독재자들은 다급한 현실을 꼬집는 충언忠言보다는 간신배들의 달콤한 찬사에 마음이 쏠리기 쉽다. 문제를 날카롭게 지적하는 벗보다 상대가 원하는 방향으로 사탕발림하는 친구가 되레 환영받는 법이다.

하지만 보고 싶은 것만 보고, 듣고 싶은 것만 들으면서 살아갈 수는 없다. 아이같이 자기가 원하는 대로만 하자고 떼쓰는 사람은 주변을 피곤하게 한다. 우리는 이런 이들을 '독선과 이기심으로 가득한 사람'이라며 손가락질한다. 더 심한 이들은 아예 자기 혼자

만의 세계에 빠져 산다. 그들은 누구도 들으려 하지 않지만 꿋꿋히 홀로 떠드는 뚝심을 과시하곤 한다. 이런 이들은 결국 '정신이 온전치 못한 사람'으로 여겨질 뿐이다. 혹시 이런 '경지'에 다다르고 싶은 사람이 있을까? 물론 없을 것이다. 이런 이들은 사람들을 피곤하게 하는 수준을 넘어 자신과 주변 사람들을 피폐하게 만든다.

성장과 발전은 상황을 객관적으로 진단하고 냉철한 논리를 세울 수 있을 때만 이루어진다. 혹시 자신이 '나'만의 세계에 빠져 세상을 올바로 보지 못하지는 않는지 면밀히 검토해볼 필요가 있다. 자신이 얼마나 객관적인지를 다음 질문을 통해 진단해보자.

"내가 들이대는 이유(근거)들이 나에게 절실한가, 상대에게 절실한가?"

전화로 병원에 급히 진료 예약을 하려는데, "퇴근 시간이라 오늘은 어렵겠습니다"라는 답변을 들었다고 해보자. 여기에 "제가 병원까지 가는 데는 10분밖에 안 걸리는데요"라며 사정했다면 과연 이 말이 설득력이 있을까? 10분 안에 병원에 도착할 수 있다는 '이유'는, 나에게는 늦은 시각임에도 진료를 받을 수 있다고 믿는 충분한 근거가 된다. 그렇지만 병원 입장에서는 어떨까? 러시아워라 만약 의사가 10분 늦게 퇴근하면 집에 가는 데 1시간 이상 더 걸리는 처지라면? 환자에게는 그럴 듯한 이유일지라도 의사에게는 별 설득력 없는 근거로 여겨질 뿐이다.

'스토커'들은 바로 이런 식의 논리를 펼치곤 한다. 그네들은 자신의 절절한 마음이 상대가 자기를 사랑해야만 하는 이유가 된다고 믿는다. 집요하게 쫓아다니고 관심을 끌려고 하는 행동도 사랑의 표현일 뿐, 괴롭힘이 아니라며 고집을 부린다. 이토록 애끓고도 소중한 나의 감정이 어떻게 상대에게 두려움이 될 수 있단 말인가?

성숙한 사랑은 내가 원하는 대로 상대를 대하지 않는다. 자신의 행동 중 상대의 눈에 거슬리는 점은 없는지 끊임없이 반성하며 어떻게 처신할지를 꼼꼼히 점검한다. 건전한 논리를 갖춘 사람도 그렇다. 이들은 자기 속에서 근거와 이유를 찾지 않고 상대의 마음과 처지를 헤아릴 줄 안다. 나보다 남을 먼저 배려할 줄 아는 마음, 진정 설득력 있는 '논리 객관성'은 여기서부터 출발한다.

남을 먼저 헤아리는 마음을 갖췄다면 이제 내 주장과 근거가 누구에게나 통하는지를 짚어야 할 차례다. 이를 '보편화universalization 검사'라고 부른다. 이렇게 되물어보라.

"나와 우리의 주장이 누구에게나 다 설득력 있게 들릴까?"

이야기를 나눈 사람들끼리는 확실하게 공감할지라도 남들은 그렇지 않은 경우가 있다. 집단 이기주의, 님비NIMBY에 빠진 집단들이 세상을 설득하기 어려운 까닭이다. 좀 더 집값을 후하게 받겠다는 데 반대할 주민은 없다. 그래서 담합도 쉽게 이루어진다. 나라 전체로 볼 때 이들의 행동은 옳은가? 주민들 외에 다른 사람들이 그네들의 행동을 정당하고 합리적이라고 생각할까? 물론 아니다.

더 많은 사람들에게 호소력 있는 주장일수록 좀 더 합리적이면서도 발전을 이끌어낼 수 있는 대안이다. 대화와 토론의 중요성은 바로 이 점에서 두드러진다. 무엇이건 의견을 세웠다면 수없이 듣고 이야기하라. 상대의 그럴듯한 반론은 수긍하고, 잘못된 점들은 고쳐나가 보자. 이런 과정을 많이 거치면 거칠수록 주장과 근거에 담긴 편견은 더 많이 증발해버린다.

논리는 햇볕과 같다. 더 강한 빛이 세균을 확실하게 없애듯 여럿이 머리를 모은 논리는 오류와 편견을 더욱 완벽하게 제거할 수 있다. 상대를 배려하고 누구에게나 통하는 주장과 근거를 찾아내는 논리 객관성은 이런 과정을 통해서만 제대로 갖추어진다.

:: 더 생각해보기

'내 인생의 10대 사건'을 적어보자. 그리고 나를 오랫동안 잘 아는 사람에게 나에게 의미 있을 법한 사건 10개를 적어달라고 부탁하자. 이 둘을 비교했을 때 일치하는 내용이 얼마나 되는가? 다른 내용은 없는가? 다르다면 왜 그런지 설명해보자.

'내 인생의 10대 사건'을 적다 보면 내 안에 숨어 있던 편견이 튀어 나오기 마련입니다. 예를 들어, 어떤 사람은 10대 사건의 절반 이상을 친구에 대한 일화들로 채우곤 합니다. 어떤 사람은 공부에 대한 기억이 대부분을 차지하곤 하지요. 이렇듯 삶에서 중요하다고 보는 사건들은 서로 다르기 마련입니다. 나는 무엇에 민감한 관심을 가지고 있을까요? 나의 10대 사건을 적어주신 분은 또 어떤지요? 내가 적은 10대 사건과 나를 오랫동안 잘 알고 있는 분이 적은 10대 사건이 많이 다르다면 왜 그런지 진지하게 생각해보세요. 서로의 다른 관심을 확인해가는 과정은 갈등 해소의 지름길이기도 합니다.

26

이익이 있는 곳에 설득도 있다
코나투스

새뮤얼 도Samuel Doe는 까막눈이었다. 당연히 변변한 지식도 없었다. 1980년 4월 그는 대통령 궁 담벼락을 넘었다. 동료 하사관 16명과 함께였다. 변변찮은 군대 봉급을 따지기 위해서였다.

그러나 새뮤얼 도의 야심은 이보다 훨씬 컸다. 그는 잠든 대통령에게 총을 쏘았다. 도는 시체에서 내장을 꺼내 개에게 던져주었다. 그러곤 자신이 라이베리아의 대통령이라고 외쳤다! 무지렁이가 벌인 흉측한 쿠데타였다. 하지만 새뮤얼 도는 무너지지 않았다. 그의 권력은 무려 10년이나 갔다.

어떻게 이럴 수 있었을까? 정치학자 브루스 부에노 데 메스키타 Bruce Bueno de Mesquita는 도를 높이 평가한다. 새뮤얼 도는 '권력을 지킬 줄 아는 사람'이었다. 그는 '정의'나 '평등'에 매달리지 않았다. 군인 월급을 85달러에서 250달러로 크게 올렸을 뿐이다. 군대는 당연히 도를 열렬하게 따랐다. '선군先軍 정치'를 앞세우는 북쪽 나라의 '통치 기술'을 떠올리게 하는 모습이다. 또한 도는 나라의 돈줄을 쥐고 흔들었다. 지지자들에게는 아낌없이 돈을 풀었다. 맞서려는 자들에게는 지원을 끊었다. 그의 눈치를 살피게끔 말이다.

나의 이익이 상대에게 손해가 되는 '제로섬zero-sum' 논리는 갈등만 낳는다. 상대가 나의 이익이 자신에게도 도움이 되는 '윈-윈win-win'의 결과를 낳으리라는 확신이 있을 때 협상은 성공한다. 새뮤얼 도는 자신과 이익을 함께하는 무리를 만들었다. 도를 지지할 때 자신과 도는 '윈-윈'의 관계가 된다. 하지만 그에게 맞설 때는 모든 것을 잃게 된다.

메스키타에 따르면 정치란 각자가 이익을 놓고 벌이는 게임이라고 한다. 미국과 중국이 무역 갈등을 겪고 있다고 해보자. 이는 국익國益을 놓고 벌이는 다툼일까? 메스키타는 고개를 흔든다. 갈등의 진짜 이유는 권력자들의 '이익'이다. 미국 정치가들은 선거로 뽑힌다. 그런데 그들이 중국과 불리한 협상을 맺었다고 해보라. 그러면 그들을 지지하던 표들이 떨어져 나갈 것이다. 이는 정치가들에게 큰 손해다. 중국 권력자들의 처지도 다르지 않다. 마뜩잖은 결과를 얻는다면 손해를 본 집단은 권력자들에게 불만을 갖게 된다. 그래서 이들에게 맞서려 할지 모른다. 이처럼 정치도, 외교도 각자가 자신의 이익을 놓고 벌이는 게임에 지나지 않는다.

이익을 잣대 삼아 세상을 바라볼 때 세상의 진짜 모습이 보인다. 숱한 개혁 노력이 꺾이고 마는 까닭도 분명해진다. 정의와 합리가 통하는 사회를 만들면 뭐 하겠는가? 그 때문에 내 몫이 사라지고 곤란한 처지에 몰린다면 이에 맞서는 목소리도 높아지기 마련이다. 전체 사회에 이득이 되는 일이 권력자에게도 꼭 이익이 되지는 않는다. 권력자들을 설득하고 싶다면 전체의 이익이 그들 자신에게도 큰 이득이 됨을 충분히 보여주어야 한다.

'코나투스conatus'는 우리 삶의 뿌리를 이룬다. 이는 '생존의지 will to live'를 뜻한다. 코나투스에 이로운 주장은 귀에 솔깃하게 다가온다. 반면, 이에 어긋나는 소리는 못마땅하게 들린다.

올바름을 좇는 마음은 당당하다. 그래서 상대의 절절한 코나투스를 소홀히 보기 쉽다. 하지만 자기 몫이 사라진 세상을 기꺼이 받아들일 이들은 많지 않다. 주장을 펼치기 전에 다음 물음을 꼭 곱씹어야 하는 이유다.

"내 주장을 따를 때 상대가 얻게 될 이익은 무엇일까?"

이 물음에 똑 부러진 대답이 나오지 않을 때 설득은 실패하기 쉽다. 반면, 이익을 얻는 이들이 손해 보는 사람들보다 많은 경우 내 주장에는 힘이 실린다. 전체 의견을 쥐고 흔드는 '키맨keyman'의 이익에 걸맞을 때는 더더욱 그렇다. 새뮤얼 도와 김정일의 '권력 유지 노하우'는 여기에 있었다. 그들은 '핵심 인물'들에게 공을 들인다. 권력의 열쇠를 쥔 자들의 이해관계가 나와 같게 만들라!

그러나 새뮤얼 도는 결국 무너졌다. 결국은 국민 전체가 들고 일어난 까닭이다. 키맨들에게만 신경 쓰는 정책은 오래가지 못한다. 좋은 주장은 몇몇 핵심 인물들을 만족시킬 뿐 아니라 전체 이익에도 걸맞아야 한다. 모두의 이익을 골고루 챙기려면 어떻게 해야 할까?

윤리학자 존 롤스 John Rawls 는 이 물음에 답을 준다. 그는 파이를 공평하게 나누는 법을 일러준다. 먼저, 한 사람에게 파이를 자르게 하라. 그리고 모두가 파이 조각을 골라서 가져가게 하라. 파이 자른 이의 몫은 맨 마지막에 남은 조각이다.

이럴 때 칼을 든 이는 어떻게 파이를 나누려 할까? 마지막 조각을 먹어야 하는 자신은 결국 가장 불리한 처지다. 조금이라도 큰 조각은 남들이 먼저 가져가기 때문이다. 따라서 그는 되도록 파이 조각이 똑같은 크기가 되도록 신경 쓸 수밖에 없다.

서로에게 이익이 되면서 전체 사회에도 이득이 되게 하려면 다음의 물음을 추가로 던져야 한다.

"이 결정으로 가장 손해를 보는 이가 '나'라면 '나'에게는 어떤 보상이 있을까?"

가장 피해를 크게 보는 이들마저도 이득을 챙기게 될 때는 반대 목소리가 없다.

모두에게 이익이 되지 못하는 이상理想은 독재와 억압으로 흐르기 쉽다. 정의와 공익을 위하자는데, 왜 너의 이익만 따지냐며 윽박지르는 식이다. 그러나 코나투스는 자연스러운 욕망이다. 이를 무시한 주장은 결코 오래가지 못한다.

진정한 이상과 명분은 전체에 이득이 된다. 각자의 코나투스에 이익이 되지 못하는 이상과 명분은 결코 제대로 된 것이 아니다. 정의를 외치는 주장도 이익이 뒤따를 때 힘을 받는다. 주장을 펼치기 전에 코나투스를 챙기는 앞의 두 물음부터 꼼꼼히 따져볼 일이다. 상대의 이익에 대한 답을 내지 못할 때 설득도 성공하지 못한다.

:: 더 생각해보기

애플과 삼성의 특허권 분쟁이 날로 뜨거워지고 있다. 이 문제를 해결하려면 어떻게 해야 할까? 코나투스를 묻는 앞의 두 물음을 중심으로 의견을 내보자.

먼저, 이해 당사자가 누구인지를 따져야 합니다. 삼성과 애플, 각국 정부, 소비자 등 이해가 걸린 사람들을 먼저 분명히 합니다. 또한 이들 모두에게 이득이 되는 방안은 무엇인지 따져봅니다. 또한 공익의 차원에서 볼 때 가장 손해를 보는 이들은 누구인지도 따져봅니다. 이들 모두에게 이익이 되는 방향을 생각해야 합니다.

27

스티브 잡스의 터틀넥과
노스페이스 점퍼가 말하는 것
심볼릭스

대형 쇼핑센터 입구. 꽃을 파는 매대는 대개 여기에 있다. 생선 가게 앞을 떠올려보라. 대개는 얼음으로 채운 상자 위에 물고기가 놓여 있다. 사실 이는 별로 '합리적'인 배치가 아니다. 꺾인 꽃은 시들기 쉽다. 싱싱함은 며칠을 갈 뿐이다. 온도 변화가 심한 입구에서는 더 빨리 상하지 않겠는가? 생선은 말할 것도 없다. 밖에 내놓기보다 유리 냉장고 안에 전시하는 쪽이 훨씬 낫다.

이런 주장에 마케팅 전문가 마틴 린드스트롬Martin Lindstrom은 고개를 내젓는다. 린드스트롬은 '심볼릭스symbolics'라는 장사 기법을 일러준다. 왜 꽃을 입구에 놓느냐고? 손님들이 싱싱한 꽃을 보면 무엇을 떠올리겠는가? 꽃은 빨리 시든다. 때문에 생생한 꽃의 모습은 신선하고 오래되지 않았다는 느낌을 더 강하게 풍긴다. 첫인상으로 싱싱한 꽃을 본 고객들은 다른 상품들도 신선하리라는 '선

입견(?)'을 품기 마련이다.

얼음 위에 놓인 생선은 또 어떤가? 쉽게 상할 듯한 상황, 그럼에도 물 좋은 생선들은 고객들에게 확신을 안긴다. 이 가게의 물건들은 갓 잡아 올린 생선처럼 싱싱하다고 말이다. 심볼릭스란 이렇듯 '느낌을 끌어내는 상징'들을 말한다.

심볼릭스는 마케팅 밖에서도 널리 쓰인다. 스티브 잡스^{Steve Jobs}의 프레젠테이션 실력은 전설적이다. 그는 터틀넥 티셔츠에 물 빠진 청바지, 운동화 차림으로 사람들 앞에 섰다. 만약 그가 짙은색 정장에 넥타이 차림이었다면 어땠을까? 애플의 제품들은 '창의성'과 '혁신'을 앞세운다. 그리고 그의 복장에서는 '자유'와 '새로움'이 물씬 풍겨난다. 스티브 잡스의 차림새는 애플의 심볼릭스라 할 만하다.

상품 브랜드들도 심볼릭스의 역할을 한다. 덩치 큰 SUV와 앙증맞은 스포츠카를 견주어보라. 이 차를 가진 이들은 어떤 성격일까? SUV를 끄는 이들은 터프하고 강할 것 같고, 스포츠카 운전자들은 날렵하고 세련되었을 듯싶다. 브랜드마다 나름의 느낌이 있다. 향수 '샤넬 No.5'는 어떤 인상을 주는가? 남성 화장품 '올드 스파이스'는? 브랜드는 쓰는 사람의 성격과 특성을 나타내는 심볼릭스가 되곤 한다.

.

그래서 브랜드에 목을 매는 이들이 적지 않다. '에르메스'나 'BMW' 같은 명품 브랜드는 부유함을 나타내는 신호와도 같다. 왠지 명품을 걸치면 부티가 줄줄 흐를 것 같지 않은가? 청소년들이 노스페이스 패딩 점퍼에 민감해하고, 어떤 가격대의 패딩 점퍼를 입는지에 따라 '계급(?)'을 나누는 이유도 다르지 않다.

그러나 심볼릭스에는 부작용도 있다. 명품 브랜드로 온몸을 도배하다시피 한 졸부들을 떠올려보라. 이런 모습이 과연 고귀하고 아름다워 보이는가? 되레 천박하고 불쌍해 보이지는 않는가? 심볼릭스를 쓸 때는 '진정성'도 고민해야 한다.

유기농 사과를 예로 들어보자. 농약을 쓰지 않은 제품은 당연히 비싸다. 그럼에도 겉모습은 형편없다. 벌레 먹은 자국, 심지어 까맣게 썩은 부분도 눈에 띌지 모르겠다. 하지만 이런 허술한 모습이 되레 '진짜 유기농'이라는 인상을 풍긴다.

'된장녀'들은 명품 브랜드의 큼지막한 로고에 으스댄다. 반면, 기품 있는 부자들은 명품을 티 안 나게 심볼릭스로 '활용'한다. 그들은 자연스럽지만 고급스럽고 정갈한 인상을 주는 제품을 선호한다. 저널리스트 데이비드 브룩스David Brooks가 말하는 지적인 부자들, '보보스Bobos'들이 그렇다.

이렇듯 심볼릭스는 크게 드러난다 해서 효과가 더 크지는 않다.

또한 화려하고 완벽한 것이 꼭 바람직하지도 않다. 심볼릭스의 핵심은 '조화'에 있다. 철부지 아이들은 '브랜드'를 걸치면 자기가 대단해진다고 착각한다. 유명 브랜드 운동화나 옷 등을 갖추면 자존감이 갑자기 '업ᵘᴾ'되는 식이다. 하지만 애써 장만한 아이템들이 '졸부들의 명품' 같은 효과만 내는 경우가 더 많다.

심볼릭스는 '소품'에 지나지 않는다. 심볼릭스로 무엇을 내세울지에 앞서 자신이 전달하려는 이미지부터 따져보아야 한다. 나아가 이것이 전체적인 나의 분위기와 어울리는지도 점검해야 한다.

봉사활동 시간, 멋져 보이겠다고 차려입은 '브랜드 옷'이 돋보일까? 준법성과 성실성을 도드라지게 내보여야 할 면접 자리, 찢어진 청바지와 티셔츠를 입고 간다면? 이처럼 전하려는 이미지와 엇나가는 심볼릭스는 심한 부작용을 낳을 것이다.

과자 '치토스'의 포장지는 은박지로 되어 있다. 그래서 번들번들하고 매끈한 인상을 준다. 구운 과자들의 포장지는 다르다. 대개는 광택이 없고 거친 느낌을 준다. 기름기 없고 담백하다는 인상을 분명하게 전하기 위해서다. 구운 과자 포장지가 번들거린다면? 사람들은 텁텁하고 짠 튀김 과자를 떠올릴지도 모르겠다. 판매량도 당연히 떨어지고 만다.

정치가들도 '이미지 코디ᶜᵒᵒʳᵈⁱⁿᵃᵗⁱᵒⁿ'를 위해 머리를 싸맨다. 예를 들어보자. 영국 왕실 사진은 아무나 찍지 못한다. 오직 전속 사진사만 여왕의 모습을 담을 수 있다. 여왕의 '이미지'를 정확하게 전달하기 위해서다. 여왕의 중요한 발표가 있을 때마다 전문가들은 복장 하나하나의 '의미'를 꼼꼼하게 챙긴다. 여왕이 무슨 색깔 옷을 입었는지, 헤어스타일이 올린 머리인지, 빗어 내린 모양새인지, 어느 정도 길이의 장갑을 꼈는지 등등.

중요한 인물이 정장을 하고 인상을 쓰고 있는지, 편안한 복장을 하고 웃고 있는지에 따라 전달하려는 메시지가 분명하게 달라진다. 정말 중요한 메시지는 사소한 것에서 드러나기 마련이다. 또한 부분의 합은 전체보다 크다. 소소한 하나하나의 이미지가 모여 전체의 뉘앙스를 결정짓는다는 뜻이다. 의미 깊은 발표를 앞두고 있다면 나의 심볼릭스가 될 만한 것들을 꼼꼼하게 점검해볼 일이다.

:: 더 생각해보기
다음 단어에 어울리는 심볼릭스에는 무엇이 있을까? 두 가지씩만 떠올려보자.

정의로움, 깨끗함, 따뜻함, 신선함

다음의 예시를 참고해보세요.
정의로움－파란색, 저울

．

177

깨끗함-흰색, 이슬 방울

따뜻함-빨간색, 난로

신선함-연한 녹색, 갓 구운 듯한 냄새

두뇌는 특정한 단어나 사물을 접할 때마다 분위기나 이미지를 떠올리곤 합니다. 뒤에서 촉발 효과를 다룰 때 이에 대해 좀 더 자세하게 살펴봅시다.

28

사실이 될 때까지 그런 척하라
파워 이미징

"단체 사진 찍게 모두 나와보세요!"

사람들이 하나둘씩 자리를 잡고 선다. 이때 '나'는 어디쯤 서려 할까? 무리의 가운데일까, 끄트머리 어디쯤일까? 그동안 찍었던 사진들을 들여다보자. 여럿이 찍은 사진 속, 자신의 위치는 좀처럼 바뀌지 않는다. 중심에 서는 사람은 늘 한가운데, 구석에 있는 이는 항상 변두리 어디쯤에 있다.

주변에 서려는 이들을 끌어내 가운데 서라고 하면 어떨까? 쑥스러워하며 꽁무니를 빼려 할 것이다. 중심에 서려는 이가 가장자리로 몰리면? 왠지 무시당하는 느낌이 들지 모르겠다.

누구에게나 편안하게 느끼는 자신만의 위치가 있다. 데니스 홀리Denis Wholey는 이를 •'안전지대'라 부른다. 외모에 불만이 많은 여성을 예로 들어보자. 그녀는 늘 평범한 자기 모습에 불만이 많았다. 어느 날, 옷을 사러 간 그녀에게 멋진 미니스커트가 눈에 띄었다. 미니스커트를 입어본 순간, 거울에 비친 자신의 다리가 너무 예뻐 보였다. 옷 가게의 다른 손님들이 힐끔거리며 쳐다볼 정도였다. 그녀는 그동안 펑퍼짐한 바지만 입어왔다. 과연 그녀는 미니스커트를 사 입고 당당하게 거리로 나설까?

지나가던 사람들이 돌아볼 만큼 인상적인 미인은 그녀가 꿈꾸는 자신의 모습이다. 하지만 그녀가 미니스커트를 입는 데는 큰 '용기(?)'가 필요하다. 자신에게 익숙한 모습이 아닌 탓이다.

발전을 위해서는 모험과 도전이 필수다. 한 걸음 더 나아가려면 자신에게 친숙한 '자기 이미지self image'에서 벗어나야 한다. 안전지대에 갇힌 자기 이미지가 마뜩잖다면 빨리 바꿔야 한다. 어떻게 해야 할까?

심리학자 엘든 테일러Eldon Taylor가 좋은 방법을 일러준다. "사실이 될 때까지 그런 척하라." 사진을 찍을 때 늘 구석에 섰는가? 그러면서도 사람들이 자기를 안 알아주는 듯싶어 섭섭했는가? 그렇다면 중심에 서는 '연습'을 해야 한다. 쑥스럽더라도 사진을 찍을 때마다 가운데에 자리를 잡으라는 뜻이다.

편안함은 반복에서 온다. 처음에는 어색하고 부끄럽더라도 거듭하다 보면 익숙해진다. 단체의 리더 역할도 해볼수록 잘하게 된다. '연습'을 통해 마음의 부담을 이겨내야 한다.

모든 변화에는 목표가 필요하다. 자신을 바꾸고 싶다면 먼저 바람직한 자기 이미지부터 분명히 하라. 다음 물음에 답이 뚜렷할수록 자신이 멋진 모습으로 바뀔 가능성은 높아진다.

"나는 ~한 상황에서 ~처럼 ~하게 ~을 하고 싶다."

발표할 때마다 주눅 드는 자신이 못마땅한가? 주위에서 가장 발표를 잘하는 이를 떠올려보자. 그는 어떤 점에서 발표를 잘하는가? 엘든 테일러는 '파워 이미징power imaging'을 강조한다. 성공적인 자기 모습이 뚜렷해질 때까지 상상에 상상을 거듭하라는 뜻이다.

프레젠테이션을 잘하는 이의 특징을 눈여겨보자. 청중을 자신감 있게 쳐다보는가? 목소리는 힘차고 당당한가? 나도 그렇게 되려고 노력하라. 어색하고 서걱대더라도 '사실이 될 때까지 그런 척해야 한다.' 공부를 해야 실력이 늘듯, 자기 이미지도 연습을 해야 느는 법이다.

오랫동안 굳어진 자기 이미지를 바꾸는 일은 무척 어렵다. 그래서 사람들은 ● '이중구속 메시지'를 거듭하곤 한다. 남자 친구가 자신을 소홀히 여기는 듯해서 섭섭한 여자를 예로 들어보자. 생일날, 남자 친구는 바쁜 일이 있어서 만나기 어렵다고 한다. 서운한 마음이 들어도 그녀는 대놓고 아쉬움을 말하지 못한다.

> **이중구속 메시지**double-binding message 모순되거나 애매모호하게 말함으로써 자신의 본심을 가리며, 상대가 미루어 짐작하게 만드는 표현 방식을 말한다.

"바쁘면 할 수 없지. 안 와도 괜찮아. 상황 봐서 연락 줘."

겉으로는 안 와도 된다는 뜻으로 들린다. 그러나 이면에는 꼭 와줬으면 하는 바람이 묻어 있다. 이 말을 들은 상대는 어찌해야 할까? 상대가 말 뒤에 담긴 진짜 의미를 헤아리지 못할 때 이 여자의 기분은 지옥으로 떨어져버린다. 그만큼 상대방에게 목매달 수밖에 없다. 나는 차마 말 못지만 너만큼은 나를 '알아서' 이해해달라는 식이다. 당연히 상대의 눈치를 심하게 볼 수밖에 없다. 반면, 자신의 바람을 분명히 할 때는 어떨까?

■

"오늘은 내 생일이야. 나는 너한테 소중한 사람이라 생각해. 그러니 꼭 와주었으면 좋겠어."

이렇게 말할 때 상대가 자신이 원하는 바를 해줄 가능성이 크지 않을까?

이중구속 메시지는 생활 곳곳에서 튀어나온다. 하고 싶은 말이 있어도 "꼭 제 말을 들으셔야 하는 것은 아니지만……"이라며 얼버무린 적은 없는가? 승진을 꼭 하고 싶은데도 "저보다 더 훌륭한 사람도 있는데요"라며 뒤로 뺀 적은 없는가?

단체 사진 속 자신의 위치는 좀처럼 바뀌기 어렵다. 존재감 없는 자신이 불만이면서도 사진을 찍을 때마다 구석에 서 있기 십상이다. 인정받고 싶다면 어색함을 떨치고 중심에 서야 한다. 그것도 가운데 있는 자신이 당연하게 느껴질 때까지 거듭 반복해야 한다.

말을 하고 글을 쓸 때도 다르지 않다. 쭈뼛거리지 않는 당당하고 자신감 있는 자기 이미지부터 '연습'하라. "실패에 대한 후회는 시간이 갈수록 사라진다. 그러나 해야 할 일을 하지 못했다는 후회는 시간이 갈수록 커진다." 심리학자 최인철 교수의 충고다. 생각을 말하고 글을 발표할 기회를 피하지 마라. 설사 혹독한 비판을 받더라도 이는 당당한 자기 이미지를 갖추어가는 연습일 뿐이다.

:: 더 생각해보기

발표를 잘하는 자신의 모습을 떠올려보고, 이를 다음과 같은 형식으로 분명하게 표현해보자.

"나는 ~한 상황에서 ~처럼 ~하게 ~을 하고 싶다."

두렵고 피하고 싶은 상황을 떠올려보세요. 그리고 이 상황에서 훌륭하게 처신하는 친구나 주변 사람들을 떠올려보세요. 그들의 행동을 구체적이고 명확하게 정리해봅시다. 그들의 모습이 뚜렷하게 그려질수록 내 모습이 훌륭하게 바뀔 가능성도 커집니다.

29

자존심을 살리는 비밀 코드
고리 효과

삼류가 일류로 바뀌기란 참 어렵다. 이는 투자와 노력만으로 되지 않는다. 대학을 예로 들어보자. 삼류 학교들이 대학평가에서 좋은 점수를 받아도 세상에 퍼진 대학 서열은 좀처럼 깨지지 않는다. 'SKY'는 변함없이 최고의 자리를 지킨다. 왜 그럴까?

사회학자 노르베르트 엘리아스Norbert Elias의 설명을 들어보자. 명문 대학 출신들은 자기 학교를 자랑스레 앞세운다. 누가 자기 대학을 헐뜯는다면 적극 나서서 맞선다. 반면, 삼류 대학 졸업생들은 자신이 그 학교 출신임을 감춘다. 누가 자기 대학을 욕하면? 반박하기보다 뒤로 숨어버린다. 편입이나 대학원 진학 등으로 '학력 세탁(?)'을 해서라도 자기가 그 학교 출신임을 지우려 한다.

이래서 명문 대학의 장점은 더 크게 두드러지고, 비난은 금방 수그러든다. 삼류 학교들은 정반대다. 성과는 좀처럼 드러나지 않고,

.

단점은 세상에 순식간에 알려진다. "그 학교는 항상 그 모양이지"라는 아니꼬운 평가와 함께 말이다.

철학자 이언 해킹Ian Hacking은 이를 '고리 효과looping effect'로 풀어낸다. 고리 효과란 평가가 행동을 바꾸고 행동이 다시 평가를 굳어지게 하는 모습을 일컫는다. 예컨대, 해병대는 강한 군대다. 그래서 강인한 젊은이들이 모여든다. 그럴수록 '해병대는 강인한 군대'라는 평가도 단단해진다.

반대 흐름도 같은 논리로 이루어진다. "A회사에는 비리가 판을 친다"라는 소문이 돈다고 해보자. 정신이 똑바른 이들이 그 회사에 가고 싶어 할까? 훌륭한 젊은이들이 지원을 피할수록 회사에 대한 평판은 점점 안 좋아진다.

회사가 적극적으로 "우리는 정직하다"고 홍보를 한다면 어떨까? 그래도 별 소용이 없다. 사람들은 듣고 싶은 이야기에 끌리는 법이다. 브랜드 이미지가 나쁜 물건에 좋은 평가 글이 올라왔다면 어떤가? 왠지 반박하고 싶지 않은가? 한번 굳어진 평판을 바꾸기는 어렵다.

이를 좋게 하려면 어떻게 해야 할까? 무엇보다 고리 효과의 흐름을 뒤집어야 한다. 좋은 행동이 좋은 평가를 만들고, 좋은 평판이 다시 훌륭한 행동들을 낳도록 말이다. 이렇게 하려면 마중물을 넣는 일이 중요하다. 마중물이란 물을 긷기 전에 펌프에 넣는 물을 말한다. 물이 들어가야 펌프가 움직이기 때문이다.

단재 신채호는 '롤 모델'을 마중물로 삼았다. 일본에 나라가 넘어가기 직전, 조선인들의 자존심은 바닥을 기었다. 단재는 민족의 자부심을 높이려 애썼다. 그는 광개토왕, 연개소문, 을지문덕, 이순신 등 위대한 인물들을 앞세웠다.

무엇부터 해야 할지 모를 때 위인들은 그 자체로 삶을 이끄는 멘토가 된다. 나아가 위대한 인물은 집단의 자존감을 높이는 '핫 아이템hot item'이기도 하다. 지질해 보이는 사람도 '무슨 김 씨 XX공파 16대손'이라고 하면 뭔가 있어 보인다. 시인 파블로 네루다Pablo Neruda는 칠레 사람이다. 우리나라 사람 대부분에게 칠레는 해안선이 긴 남미의 나라일 뿐이다. 하지만 칠레를 '네루다의 나라'로 소개받을 때는 어떤가? 이 나라가 '문화국가'로 다가올 것이다.

K-팝을 세계에 퍼뜨리는 한류 스타들도 다르지 않다. 대한민국은 6·25 전쟁의 이미지가 강했다. 'Korea'에는 줄곧 '전쟁을 겪은 가난한 나라'라는 느낌이 풍겼다는 뜻이다. K-팝에 세계인이 환호성을 지르는 지금은 어떤가? 한국은 '활기차고 젊은 나라'라는 평가가 일반적이다. '소녀시대', '원빈' 같은 한류 스타들은 한국을 둘러싼 고리 효과를 바꾼 마중물인 셈이다. '우리'에 대한 평가를 바꾸고 싶다면 스스로 되물어보자.

"'우리' 가운데 가장 유명하고 평판 좋은 사람은 누구인가?"

이런 인물이 없다면 밖에서라도 끌어와야 한다. 대학마다 명망 높은 교수를 모셔오고 유명인을 학생으로 뽑으려는 이유다. 평판 좋은 이들이 광고 모델로 줄곧 등장하는 것도 마찬가지다.

나아가 '공통의 기억'을 만드는 작업도 중요하다. 동양이 외세外勢에 휘둘리던 시기, 일본에서는 '야마토 민족'을 앞세우는 목소리가 높아졌다. 야마토는 '우랄 알타이 민족의 한 갈래'였단다. 지식인들은 외쳤다. "일본의 역사란 신성한 야마토 족의 운명이다. 따라서 사명감을 갖고 일본을 구해내야 한다!" 독일도 다르지 않았다. 제1차 세계대전 패배로 어려웠던 시절, 히틀러는 '아리안Aryan 족의 영광'을 외쳤다. "독일인이라면 마땅히 신산스러움을 이겨내고 아리안 족다운 모습을 찾아야 한다." 이렇듯 공통의 기억은 사명감을 높인다.

사실, 야마토 민족이나 아리안 족은 거짓부렁에 지나지 않았다. 그럼에도 현실에서는 큰 영향을 끼쳤다. 공통의 기억은 우리가 어디로 가야 할지를 일러준다. 꼭 해내야 한다는 사명감도 불어넣는다. 여기에 등을 돌릴 때는? 강한 죄책감이 피어오를 것이다.

우리 근대사에도 공통의 기억으로 자부심을 높이려는 노력이 끊이지 않았다. 경제개발계획이 한창이던 때 학생들은 "우리는 민족중흥의 역사적 사명을 띠고 이 땅에 태어났다"로 시작되는 〈국민교육헌장〉을 외워야 했다. 나아가 국가는 이순신, 세종대왕 같은 위인들을 앞세웠다. 우리의 경제발전에 민족의식과 성웅聖雄들이 적잖은 역할을 해냈다.

'롤 모델'과 '영광된 기억'은 집단의 자존심을 높이는 비밀의 약이다. 사기가 바닥을 기는 집단을 일으키려 한다면 두 낱말을 요긴한 키워드로 활용해야 한다.

:: 더 생각해보기

자기 소개서를 쓸 때 나의 가치를 높이기 위해서는 어떻게 해야할까? 고리 효과를 높이기 위해 나의 집안과 출신 학교에서 대표적인 '위인'을 찾아보자. 그리고 내세울 만한 '공통의 기억'을 꾸려보자.

위인을 뽑을 때는 설득할 상대방도 염두에 두어야 합니다. 평등과 정의를 강조하는 집단이라면 이에 걸맞은 인물을, 추진력을 높이 사는 회사나 학교라면 이를 보여주는 위인을 꼽는 것이 좋습니다. 또한 공통의 기억도 정의, 번영, 의지 등 키워드를 분명히 한 후 집안이나 학교의 역사를 되짚어 구성해내야 합니다.

■

30

언어에도 '드레스 코드'가 있다
중산층 화법으로 말하기

복권 당첨자치고 부자가 된 사람은 별로 없다. 돈벼락을 맞고도 얼마 후면 지지리 궁상의 처지로 돌아간다. 이런 경우는 스포츠 스타나 연예인에게도 드물지 않다. 성공해서 엄청난 재산을 손에 쥐면 뭐 하겠는가. 많은 이들은 결국 크게 망한다. 그리고 어렵고 신산스러웠던 시절로 돌아가곤 한다.

왜 이런 일이 벌어질까? 가난을 연구하는 루비 페인^{Ruby K. Payne}은 그 까닭을 '가치관'에서 찾는다. 건강한 중산층은 돈을 어떻게 다루어야 하는지 안다. 그래서 착실하게 돈을 모으고 알뜰하게 쓴다. 반면, 대대로 가난했던 이들은 어떨까? 갑자기 불어난 돈을 '한풀이'하는 데 쓰곤 한다. 그간 당했던 서러움에 복수하듯 펑펑 돈을 써대며, 주변 어려운 이들에게 '보답'한다고 돈다발을 안기는 식이다. 가난한 원래 처지로 돌아가는 것은 시간문제일 뿐이다.

■

빈곤층의 가치관을 버리지 못한다면 돈이 많아도 소용없다. 루비 페인은 가난에서 벗어나는 길은 '중산층처럼 생각하기'에 있다고 말한다. 빈곤층과 중산층은 쓰는 말투부터 다르다. 언어학자 주스^{Martin Joos}는 말의 품격을 다섯 단계로 나눈다.

첫째는 '정형화된^{frozen}' 말투다. 신에게 기도를 올릴 때나 왕에게 말을 할 때는 엄격하게 예의를 갖춘다. 예컨대, 영어에서 신하가 왕을 부를 때는 'Your Majesty'라고 한다. 다른 표현을 쓰는 것은 금기다. 기도를 할 때도 "~하옵소서"라고 하지, "~해주세요"라고 하지는 않는다.

다음은 '격식 있는^{formal}' 말투다. 아나운서들이 뉴스를 전할 때 쓰는 말본새를 떠올리면 되겠다. 이들은 완전한 문장과 격을 갖춘 낱말을 쓴다.

일상에서는 이보다 부드러운 '대화체^{consultative}'를 쓴다. 교양 있는 사람들이 격식 있는 자리에서 이야기를 할 때 쓰는 어법이다.

친한 사이에서는 '편안한^{casual}' 말투를 쓴다. 웃거나 어깨를 툭 치는 등 말만큼이나 몸도 많이 쓴다. 문장 길이도 많이 줄어든다. "밥은?", "알았다니까" 등등 알아듣기에 꼭 필요한 만큼의 낱말만 쓰곤 한다.

진짜 격식 없는 사이에서는 '친밀한^{intimate}' 말투로 이야기를 나눈다. "야! 문둥아", "이 자식아!" 등등으로 말이다. 공격하는 말처럼 들리지만 친할 때는 허물없는 표현으로 다가온다.

빈곤층은 이 다섯 가운데 어떤 말투를 쓸까? 대개 '편안함'에서 '친밀함' 사이를 오간다. 만난 지 오래 안 되었어도 서로 '형님', '삼촌' 등으로 부르는 경우도 흔하다.

루비 페인에 따르면 빈곤층은 격식 있는 어법을 접하는 경우가 적다고 한다. 수준 높은 학교를 다니거나 고급 지식이 필요한 전문직인 이들이 많지 않은 탓이다. 반면, 중산층은 격식 있는 언어 속에서 살아가는 시간이 많다. 이들이 다니는 학교와 직장에서는 "~했습니다", "~라고 합니까?" 등 주로 격식을 차린 말투로 대화가 이루어지기 때문이다. 이렇듯 빈곤층과 중산층은 쓰는 어투에서부터 차이가 난다.

장소마다 어떤 옷을 입을지에 대한 '드레스 코드'가 있다. 결혼식에서 반바지와 티셔츠 차림은 예의가 아니다. 마찬가지로 안정된 생활수준과 튼튼한 일자리에는 걸맞은 어법이 있다. 루비 페인은 격식 있는 어투가 좋은 직업을 얻는 데 적잖은 몫을 한다고 힘주어 말한다.

중산층과 빈곤층의 말 차이는 어투에서 그치지 않는다. 이 둘은 설득 논리에서도 구분이 된다. 빈곤층은 주로 '아이 언어child language'와 '부모 언어parent language'에 기댄다. 아이 언어는 감정에 기대어 칭얼거리는 식의 논리다. "너 때문에 미치겠어", "XX 때문에 그런 거잖아" 등등 섭섭하고 아쉬운 감정을 드러내 상대의 마음을 움직이려 한다.

부모 언어는 평가하거나 지시하려는 식의 논리다. "그러면 안 돼, 이렇게 해.""멍청한 짓 좀 그만해."" 네가 XX만 안 했어도 이렇게 안 되었을 거잖아." 이런 식으로 끊임없이 상대를 평가하고 비난하며 지적한다.

반면, 중산층은 '어른 언어^{adult language}'를 쓴다. 이는 상대를 비난하려 하지 않고 사실에 기초해 생각을 이끌어내는 논리 방식이다. "이걸 어떤 방식으로 풀어갈까요?", "~을 제안드리고 싶습니다", "~을 고르면 그 결과는 다음과 같이 될 것입니다" 등등으로 말이다.

언어 습관은 하루아침에 바뀌지 않는다. 매일 자신이 쓰는 말투를 곱씹어보며 격식 있는 말투를 쓰는지를 점검해야 한다. 정장을 입었을 때와 청바지와 티셔츠 차림일 때는 감정과 태도가 다르기 마련이다. 격식 있는 어투는 상대방에게 나를 가볍게 여기지 말라는 신호가 된다. 또한 교양 있는 말투는 자신감을 북돋우며 나의 마음가짐도 추스르게 한다.

〈마이 페어 레이디^{My Fair Lady}〉는 오드리 헵번^{Audrey Hepburn}이 주

연을 맡은 영화다. 여기서 길거리 여인은 격식 있는 언어를 교육받는다. 유명한 언어학자는 그녀의 말투와 논리를 세세하게 고쳐준다. 상류층이 쓰는 발음과 표현이 입에 배게 하기 위해서다. 그 결과 그녀는 귀부인으로 거듭난다. 말투가 신분뿐 아니라 인격까지도 바꾼 셈이다.

이런 일은 우리 주변에서도 얼마든지 벌어진다. 학교를 다닌 사람과 배움이 없는 사람은 발음에서부터 차이가 난다. 격식 차린 어법과 길거리의 화법, 어느 쪽 어투를 썼을 때 내 주장의 설득력이 높아질까? 언어에도 드레스 코드가 있다. 교양 있는 화법을 익히고 또 익힐 일이다.

: : 더 생각해보기

다음 말을 격식 있는 어투와 어른 언어로 바꾸어보자.

1 "샘! 밥은요?"
2 "네가 그런 식으로 하니까 팔자가 꼬이는 거야."
3 "아, 짱 나! 나 미치기 일보 직전이라니까!"

다음 예시 답안을 참고해보세요.
1 "샘! 밥은요?" (편안한 말투)

: "선생님! 식사하셨습니까?"

2 "네가 그런 식으로 하니까 팔자가 꼬이는 거야."(대화체+부모 언어)

: "그렇게 하면 결과가 어떻게 될까요? 먼저 생각해보는 게 좋지 않

을까요?"

3 "아, 짱 내! 나 미치기 일보 직전이라니깨"(친밀한 말투+아이 언어)

: "마음이 많이 불편합니다. 제가 좀 당황스러워지네요."

31

마음을 여는 3단계 대화 코드
수준별 대화법

식당에 가서 "저 밥 먹으러 왔습니다"라고 외치는 사람은 없다. 식당 아주머니가 "어서 오세요"라는 인사와 함께 손님에게 자리를 권하고 물 잔을 내려놓는다. 그다음에는 영어 회화 책에 나올 법한 익숙한 대화가 이어진다. "무엇을 드시겠어요?" 등등.

그런데 만약 음식을 시켜야 할 순간에 식당 아주머니에게 "그런데 아줌마, 인생은 뭐라고 생각하세요?"라고 물었다고 해보자. 분위기는 금세 막막해진다.

우리의 일상은 롤플레잉 게임role playing game과 다르지 않다. 때와 장소마다 자신과 상대가 해야 할 역할과 말이 있다는 뜻이다. 옷 가게에서 손님이 건넬 법한 말과 점원이 응수할 표현이 무엇인지는 쉽게 가늠해볼 수 있다. 고상한 학술 대회에서는? 이 역시 어떤 대화가 오갈지 그림이 그려진다. 상황에 맞게 옷을 고르는 드레스 코드가 있듯 이야기를 나눌 때도 걸맞은 '대화 코드'가 있다.

　심리학자 윌리엄 글라써William Glasser는 대화 코드를 사실-의견-감정의 세 단계로 정리한다. 예를 들어보자. 날씨는 사람들이 즐겨 나누는 이야깃거리다. 그런데 왜 "오늘 날씨 참 좋죠?"라고 묻는 걸까? 진짜 날씨가 좋은지 몰라서일까? 아니면 날씨가 좋다는 자신의 생각에 동의를 얻고 싶어서인가? 그 어느 쪽도 아니다. 이는 그냥 말문을 트는 물음일 뿐이다.

　마찬가지로 연예인이나 스포츠에 대한 이야기는 편안한 대화거리들이다. 뉴스에 나온 야구 스타의 활약을 늘어놓기 위해 나를 드러낼 필요는 없다. 마찬가지로 상대를 들춰낼 일도 없다. 이런 소재들은 나와 상대방, 둘 다 관심이 있지만 둘 중 누구에 대한 것도 아니다. 그러니 마음의 부담도 없다. '가벼운' 대화란 이처럼 사실에 대한 이야기에서 그친다.

　첫 만남은 마음이 불편하기 쉽다. 그럴 때는 나와 상대방, 누구에 대한 것도 아닌 '사실'을 화제로 삼아 이야기를 풀어보자. 날씨에서 학교 생활, 입시 정보에 이르기까지 찾아보면 소재는 아주 많다. 그 가운데 둘 다 관심 있는 주제를 찾아 '무한 수다'를 떨 수 있는 지경에 이른다면 사이는 아주 빨리 가까워진다.

　'사실' 다음은 '의견' 단계의 대화다. 사람들의 생각이 항상 같을 수 없다. 살다 보면 이를 드러내고 으르렁거릴 때도 있다. "저는 그렇게 생각하지 않습니다"라는 말을 하지 않고 살기란 어렵다. 더구나 이런 말에는 감정이 실리기 마련이다. 얼굴 붉히고 소리 높여 논쟁을 벌인 사람과 속 편한 관계를 이어가기란 쉽지 않다.

따라서 의견을 말할 때는 최대한 논리에만 집중하는 것이 필요하다. 분노가 불끈거린다면, 아니면 슬픔이 북받쳐 올라온다면 일단 숨을 가다듬는 게 좋겠다. '카타르시스'는 배설이라는 뜻이다. 이 표현을 우리는 감정이 폭발했을 때 쓴다. 화장실에서 일 보는 모습을 사람들에게 보여준다면 무척 부끄러울 것이다. 감정도 마찬가지다. 폭발한 감정은 배설과 같아서 그 뒤끝을 수습해야 할 때 적잖은 수치심이 찾아들곤 한다. 비즈니스맨들에게 감정의 절제를 강조하는 까닭이 여기 있다.

마지막은 '감정' 단계다. 감정을 나누는 사이에서는 못할 말이 없다. 예의 바르기로 유명한 사람도 정작 자기 엄마에게는 쉽게 짜증을 부리곤 한다. 자기가 신경질을 부리건, 퉁퉁거리건 엄마와의 관계가 어그러지지 않으리라는 점을 잘 아는 탓이다. '마음을 나누는 사이'가 이렇다.

인간관계는 사실에서 의견을 거쳐 감정에 이르는 단계로 나아간다. 처음 만나는 이에게 "저는 아주 괴로운 처지에 놓여 있어요"라는 말은 부담스럽다. 둘 사이가 감정이 통할 만큼 가깝지 않으니 상대 역시 나의 심정을 받아들일 준비가 되어 있지 않은 것은 당연하다. 그러니 대화를 할 때는 관계에 적절한 대화의 코드를 사용하고 있는지 주의해야 한다.

반면, 사실과 의견 단계를 넘어 감정 단계로 곧바로 넘어가는 대화도 있다. 같은 고향이나 학교 출신임을 알아채는 때가 그렇다. 반가운 마음에 이어 친밀함이 북받치고 나면 그다음은 '만사 OK'다. 꼬여버린 의견 차이도 '고향 선배'라는 이유로 술술 풀리고, 분명한 공통점이 있기에 대화도 부드럽다. 인맥과 학연에 대한 집착이 왜 사라지지 않는지 짐작할 만한 대목이다.

하지만 증오는 사랑을 타고 온다는 사실을 잊어서는 안 된다. 애증만큼 무서운 것도 없다. 애증이란 사랑하기에 미워한다는 뜻이다. 친한 친구의 한마디는 데면데면한 사람의 욕설보다 더 가슴에 사무친다. 그럼에도 우리는 이 점을 쉽게 잊어버린다. '친하니까' 이해하고 용서해주리라 생각한다. 관계가 삐딱선을 타기 시작하는 지점은 여기서부터다.

또한 감정은 결코 공정하지 않다. 나에게는 절실하다 해도 다른 이들 눈에는 특혜와 편애로 비칠 수 있음을 잊어서는 안 된다. 상대와 너무 가까워 서로 상처를 주고 있는가? 그렇다면 냉정한 의견과 가벼운 사실의 단계로 대화 코드를 낮추어보라. 오래된 사이임에도 관계가 푸석푸석하다면 어떻게 감정의 단계로 코드를 높일지를 고민해보자. 상황에 맞는 드레스 코드를 아는 사람이 최고의 멋쟁이라고 평가받듯 때와 장소에 맞는 대화 코드는 그대를 '대화의 달인'으로 만들어줄 것이다.

:: 더 생각해보기

다음 상황에 적절한 대화 코드는 사실, 의견, 감정 중 어느 것인지 설명해보자. 각 상황에서 적절한 대화 내용은 무엇인지도 토론해보자.

1 식당에서 음식을 주문할 때
2 좋아하는 친구에게 다른 친구 흉을 볼 때
3 인터넷 동호회 사람들을 처음으로 오프라인 모임에서 만났을 때
4 동창생들과 함께하는 송년회 자리

코드에 맞지 않는 대화는 서로에게 불편할 수 있습니다. 의견 단계의 일을 감정 단계에서 처리하는 대화는 둘 사이를 청탁과 비리로 얼룩진 '부적절한' 사이로 만들기도 합니다. 그 반대의 경우도 부적절하기는 마찬가지입니다. 관계의 거리를 정확하게 잴 수 있는 감각을 갖추도록 여러 상황에 맞는 대화 코드를 가늠해봅시다.

32

포커페이스보다
표정 있는 얼굴이 나은 이유
거울 효과

목숨이 왔다 갔다 하는 위기 상황은 사랑을 고백하기에 딱 좋은 시간이다. 영화에서는 그렇다는 소리다. 원수처럼 티격태격하던 남녀가 비로소 진심을 털어놓는다. 그리고 진한 눈빛이 오가고 키스가 이어진다.

어디 영화에서만 이런가. 정도만 덜할 뿐, 일상의 사랑 고백도 별다르지 않다. 위기를 함께 겪는 남녀는 사랑에 빠지기 쉽다. 놀이공원은 또 어떤가. 선남선녀들은 아찔하고 눈이 핑핑 도는 놀이기구를 같이 타며 즐거워한다.

만남이 얼마 되지 않았을 때는 차분하고 조용한 곳보다 신나고 왁자한 장소를 많이 다닌다. 왜 그럴까? 심리학자 클리포드 나스 Clifford Nass와 코리나 옌Corina Yen에 따르면 그 이유를 찾기가 어렵지 않다. '흥분arousal'은 설득을 위한 묘약이다. 달떠 있을 때 사람들은 상대의 주장을 흔쾌히 받아들이곤 한다. "기분이다! 까짓것 맘껏 해봐!" 앞뒤 재지 않고 턱턱 선심을 쓰는 식이다.

사랑할 때 재고 따져야 할 것이 한둘이던가. 그러나 흥분한 마음은 세세한 사항을 통 크게 놓아버린다. 그리고 감정에만 충실해진다. 영화에서라면 절체절명의 순간에, 일상에서라면 놀이공원이나 위기의 상황에서 쉽게 사랑에 빠져드는 이유다.

물건을 파는 사람들도 고객을 흥분시키기 위해 열심이다. 마트에서는 시끄러운 댄스 음악을 틀어놓곤 한다. 빠른 비트와 높은 목소리가 고객의 마음을 흔들어놓기 때문이다. 흥분한 상태에서는 신중하기 어렵다. 그만큼 충동구매도 많이 이루어진다.

그렇다면 설득에서 상대를 흥분시키려면 어떻게 해야 할까? 심리학자들은 '거울 효과mirror effect'를 머리에 새기라고 충고한다. 거울 효과란 상대의 태도와 감정을 은근히 따라하게 되는 현상을 일컫는 말이다.

'웃는 얼굴에 침 못 뱉는다'는 속담이 있다. 이 말은 설득에 있어 진리다. 상대방을 유쾌하게 만들고 싶은가? 그러면 나부터 먼저 웃어야 한다. 상대에게 확신을 주고 싶다면? 내 마음에서부터 굳은 믿음이 솟구쳐야 한다. 상대를 흥분시키려면 말하는 나부터 강하고 활기차야 한다. 상대는 내 얼굴과 몸에 피어난 감정을 따라

가게 되어 있다.

반면, 상대도 나의 감정을 뒤흔들려 하면 어떨까? 상대의 의도에 휘둘리지 않으려면? '포커페이스'를 하기란 쉽지 않다. 우리의 몸은 떠오르는 감정을 몸에 그대로 나타내게끔 프로그래밍되어 있기 때문이다.

예컨대, 흥분하면 피가 얼굴에 몰리며 얼굴이 빨개진다. 거북한 소리를 들으면 나도 모르게 눈썹에 힘이 가며 찌푸려진다. 좋아하는 이를 만나면 동공이 크게 열리며 눈동자가 커진다.

이를 억지로 감추려 하면 어색하기만 하다. 안 그런 척할수록 마음은 더 불편해질 것이다. 그럴수록 더욱 흥분되며 나도 모르게 '오버'를 한다. "아니라는데, 왜 자꾸 그래?" 이런 식으로 말이다.

클리포드 나스와 코리나 옌은 흥분을 억지로 가라앉히지 말라고 충고한다. 한번 떠오른 감정은 쉽사리 가라앉지 않는다. 충격을 받고 나서 1초 만에 평화로움을 되찾는 사람은 없다. 크게 화를 낸 후 1분 만에 정상으로 돌아오는 사람도 없다.

감정을 다스릴 때는 기차를 멈출 때처럼 해야 한다. 기차는 브레이크를 잡고 나서도 한참을 달려간다. 우리 감정도 그렇다. 자제하자고 결심한 순간부터 상당 시간이 흘러야 제대로 마음을 추스를 수 있다.

상대가 흥분해 있는가? 그러면 나는 그보다 '한 수준만 덜' 흥분하자고 다짐하라. 상대가 기뻐한다면? 나는 그보다 한 수준 낮은 정도로 즐거움을 나타낸다. 상대보다 조금만 더 감정을 가라앉히겠다는 생각으로 마음을 다독이라는 뜻이다.

나와 완전히 다른 감정을 보이는 상대에게는 좀처럼 흔들리지 않는다. 나는 매우 즐거운데 상대는 우울한 낯빛을 하고 있다면? 앞서 설명한 거울 효과를 떠올려보라. 인간은 서로 비슷한 표정을 짓고 같은 감정을 느낄 때 친근함을 느끼는 법이다. 나 역시 몹시 슬픈데 상대는 환하게 웃으며 다가온다면 상대의 말이 살갑게 들리지 않을 것이다. 그러니 설득에서 상대의 감정을 무시하면 안 된다.

상대의 감정과 표정을 존중하고 따라가주자. 그러면서도 상대의 감정보다 한 수준 낮게 감정을 표현하고 다스려라. 이럴 때 흥분된 분위기가 서서히 가라앉는다. 거울 효과에 따라 상대방도 나의 표정과 감정을 따라가기 때문이다(이를 '감정 전염'이라고도 한다).

설득은 논리로도, 감정으로도 이루어진다. 하지만 설득에서는 감정이 논리보다 힘이 세다. 사람 마음은 믿어야 할 것보다 믿고 싶은 것에 더 끌리기 때문이다. 혹시나 하는 바람은 확실한 정보도 흘려버리게 한다. 그리고 1퍼센트의 가능성도 없는 근거를 크게 부풀려 믿으려 한다. 교육 수준이 높아지고, 정보량이 많아져도 사기와 속임수가 사라지지 않는 이유다.

흥분은 설득을 위한 묘약과 같다. 묘약은 잘 쓸 때는 효과 만점이지만 허투루 쓸 때는 내 삶을 엉망으로 만든다. '설득의 묘약'을 사용하는 방법은 다음과 같다.

"설득할 때는 남들보다 반 박자 빠르게 흥분하라. 그러나 설득당할 때는 남보다 반 박자 느리게 흥분하라."

설득의 달인치고 감정 다스림에 미숙한 사람은 없다. 가슴에 새기고 또 새길 일이다.

:: 더 생각해보기
거울 효과를 일으키는 밝고 긍정적인 모습을 표현해보자.

쭉 편 허리, 상대의 눈을 향한 시선, 높낮이가 살아 있는 높은 톤의 빠른 목소리, 활짝 펴진 눈썹과 활발한 손동작 등등 밝고 활기찬 표정을 '연출' 해봅니다. 자신은 활짝 웃는다고 생각하지만 상대는 비웃는 표정으로 느끼는 경우도 종종 있습니다. 정확하게 자신이 나타내려는 감정을 표현할 수 있도록 자기 표정과 자세를 직접 확인하며 다듬는 연습이 필요합니다. 사진이나 동영상을 찍어서 확인하는 것도 큰 도움이 됩니다.

설득력을
키우는
12가지
글쓰기 비법

* 이태백의 쓰기 기술?

"이태백의 오칠언절구는 글자마다 신의 경지이고,
작품 하나하나가 귀신이나 쓸 수 있을 법한 작품이다."

청나라 시인 호응린胡應麟의 평가다. 이태백은 술을 좋아했다. 그는 꼭지
까지 취해서 시를 쓰곤 했다. 한시漢詩는 내키는 대로 쓰는 시가 아니다.
엄격한 율격律格과 격식을 갖추어야 한다. 〈월하독작月下獨酌〉 등 이태백
의 시에는 취기가 가득하다. 그럼에도 형식은 흐트러짐 없이 한시의 품
격을 따른다.
조선의 선비들도 다르지 않았다. 그들은 술자리에서 시 짓기를 즐겼다.
사대부들은 외교 사절들과 술잔을 주거니 받거니 하는 와중에도 '시 경
연 대회(?)'를 벌였다. 술자리에서 지은 시들은 으레 책으로 엮이기 마련
이었다. 이를 사신들에게 선물로 주기까지 했다. 책으로 만들 정도였다
면 적어도 시들이 '술자리 주책' 수준은 아니었을 것이다.
그들은 어떻게 시를 이토록 잘 쓸 수 있었을까? 자연스러움은 피눈물
나는 노력의 결과일 때가 많다. 김연아의 피겨스케이팅 동작은 쉽고도
무리 없어 보인다. 하지만 이렇게 되기까지는 얼마나 많은 훈련이 있었
겠는가! 선비들도 다르지 않았다. 세상에 그냥 되는 일은 없다. 그들은
어렸을 때부터 숱하게 시를 외우고 또 외웠다. 그리고 형식에 맞추어 쓰
는 연습을 끊임 없이 거듭했다.

말콤 글래드웰Malcolm Gladwell은 대가大家가 되기까지는 1만 시간의 연습이 필요하다고 잘라 말한다. 쓰기도 마찬가지다. 멋진 글은 저절로 튀어나오지 않는다. 묘기를 부리려면 기본기부터 튼실하게 다져야 한다. 이 부에서는 '논리. 품새' 등 글쓰기의 기본을 다룰 것이다.

글이란 문장 하나하나가 모여서 이루어진다. 문장이 흐릿하고 이해하기 어려울 때 글 또한 형편없이 흐트러진다. 따라서 문장 작성법과 표현법에도 적잖은 공을 들일 것이다.

글에는 늘 상대방, 즉 독자가 있다. 상대를 움직이지 못할 때 글에 들어간 노력은 '도로 아미타불'이 되어버린다. 글을 쓰는 데는 감동과 설득을 위한 치밀한 작전이 필요하다. 작전을 짜는 방법과 함께 머리를 깨우고 가슴을 울리는 데 요긴한 여러 기법들도 알아볼 것이다.

이 부에서는 '쓰기'를 다룬다. 아마도 이 부에는 '이태백의 쓰기 기술'이라는 부제를 달아도 좋을 듯싶다(물론, 어디에도 이태백에 대한 직접적인 언급은 없다). 이태백이야말로 소개하려는 모든 쓰기의 기술을 통달한 사람이다.

아리스토텔레스는 설득에 있어 로고스, 파토스, 에토스, 즉 지정의知情意 세 측면의 울림이 있어야 한다고 말했다. 그는 이 가운데 에토스에 방점을 찍는다. 설득하는 사람의 가치관과 의도가 중요하다는 뜻이다. 설득 의도가 바람직하고 도덕적이지 않을 때 글 쓰는 노력은 남을 속이고 후리는 작업일 뿐이다. 이 부의 마지막 장을 가치를 다잡는 어젠다 세팅으로 마무리 지은 이유다.

33

생각을 글로 바꾸는 다섯 단계 물음
논리 품새

세종대왕은 "제 뜻을 실어 펴지 못하는 어린 백성들"을 위해서 훈민정음을 만들었다. 그럼에도 우리 중에는 제 뜻한 바를 쉽게 펼치지 못하는 사람들이 많다. 억장이 무너지는데도 나의 말은 타는 심정을 제대로 그려내지 못한다. 이야기를 듣는 이들도 영 모르겠다는 표정들이다. 안타깝기 그지없다. 쉬운 우리말로도 내가 뜻한 바를 전할 수 없다니, 도대체 어찌해야 좋단 말인가?

이런 아픔이 있는 사람들에게 논리학은 큰 도움이 된다. 논리는 자기 생각을 제대로 펴지 못해 냉가슴을 앓는 이들의 이야기를 술술 풀어준다.

무술의 고수가 되기 위해서는 먼저 기본 품새부터 확실하게 익혀야 한다. 제대로 몸에 밴 품새는 실전에서도 강력하고 효과적인 동작을 이끌어내기 때문이다. 논리도 마찬가지다. 다음의 논리 품

.

새, 즉 '논리의 기본 동작'을 꾸준히 익혀보자. 그러다 보면 그대는 어느덧 '논리의 고수'가 되어 있을 것이다.

1. 결론이 무엇인가?
2. 근거(이유)가 있는가?
3. 근거가 정당한가?
4. 근거가 충분한가?
5. 결론과 근거를 현실에 적용할 때 문제는 없는가?

이제 논리 품새 단계를 하나하나 살펴보자. 혹시 끝 모를 횡설수설로 남들의 눈총을 받곤 하는가? 입을 열기 전에 먼저 내가 주장하려는 바의 결론부터 한 문장으로 정리해보라. 그런 다음 주장의 근거들을 "왜냐하면, 첫째······ 둘째······", 이런 식으로 순번을 매겨 죽 나열하자. 이것만으로도 갈팡질팡하던 생각들이 정돈됨을 느낄 수 있을 것이다.

장광설을 들을 때나 한없이 늘어지는 글을 읽을 때도 마찬가지다. 상대방의 결론이 무엇인지부터 먼저 가늠해보자. 결론을 파악하고 나면 어디서부터 어떻게 이해해야 할지 방향을 잡을 수 있다.

결론이 무엇인지 집어냈다면 이제 그 근거들을 검토할 차례다. 우리에게는 모두 합당한 근거나 이유를 찾으려는 '논리 본능'이 있다. 예컨대, 직장 상사에게 "저 오늘 조퇴를 했으면 합니다"라고 말씀드렸다면 상사의 첫마디는 무엇이겠는가? 아마도 "왜?"일 것이다. 주장에 정당한 근거가 있는지 확인하려는 논리 본능이 작동한 결과다.

만약 이 물음에 대해 "그냥요"라고 답했다면 어떻게 될까? 조퇴를 하기는 어려울 것이다. 이처럼 주장을 하려면 합당한 이유나 근거를 제시해야 한다. 이를 논리학자들은 '입증책임의 원칙'이라고 부른다.

주장과 근거가 모두 있음을 확인했다면 이번에는 근거가 설득력이 있는지를 검토할 차례다. 무엇보다 근거는 사실이어야 한다. 상상이나 거짓말에 기초한 주장은 아무리 그럴싸하게 들려도 허튼소리일 뿐이다. 아무리 훌륭한 논문이라도 근거로 제시된 자료가 허위로 조작된 것이라면 엄하게 처벌하는 이유가 여기 있다. 거짓에서는 거짓밖에 나오지 않는다.

나아가 근거는 진실일뿐더러 납득할 만한 것이어야 한다. 그래야 '정당한 근거'로 인정받을 수 있다. '몸이 아프다'와 '게임이 너무 하고 싶다' 중 어느 쪽이 조퇴의 정당한 이유가 될 수 있을까? 답을 찾기는 어렵지 않다.

또한 근거는 주장을 뒷받침하기에 충분해야 한다. 영문학과에서 학생을 뽑을 때는 영어를 잘하는지를 눈여겨본다. 그러나 이것만으로는 충분하지 않다. 영문학도가 갖추어야 할 필수 소양에는 문학과 영어권 문화에 대한 이해와 열정도 있다. 이처럼 정당할뿐더러 충분한 근거가 제시될 수 있을 때 주장은 제대로 설득력을 발휘할 수 있다.

마지막으로 논리의 고수들은 돌다리도 두드려보는 신중함을 잃지 않는다. 결론이 분명한 데다가 정당하고 충분한 근거가 있는 주장일지라도 2퍼센트 부족할 때가 있다. 변호사들은 재판을 앞두고 '악마의 변호사devil's advocate'로 자신의 논리를 점검한다. 악마의 변호사란 자기들이 세운 주장에 맞서 무조건 반대 논리를 펴는 역할을 하는 사람을 말한다. 방심한 마음은 허점을 흘려버리기 쉽다. 빠뜨리고 놓친 부분이 없는지, '적'의 입장에서 내 생각을 거듭 짚어보아야 한다. '거듭 점검하기double check'는 논리를 세울 때 꼭 해야 하는 기본 중의 기본이다. 해이함이 가져오는 해악은 비논리나 억지보다 훨씬 무섭다. 이 점을 잊지 않는다면 논리 품새로 다져진 논리 감각은 삶의 문제를 진단하고 해결책을 찾는 데 큰 도움이 될 것이다.

:: 더 생각해보기

"좋은 학벌은 훌륭한 능력을 갖추었음을 보장한다"는 주장은 참일까? 여기에 대한 자신의 의견을 설득력 있게 펼쳐보자.

조리 있게 의견을 펼치려면 군더더기들을 버리고 논리 뼈대부터 확실하게 세우는 연습을 해야 합니다. 먼저 자신의 입장을 한 문장으로 분명히 내보이도록 합시다. "저는 좋은 학벌이 곧 능력은 아니라고 봅니다"라는 식으로 말이에요. 그리고 '왜냐하면'이라는 접속사를 붙여서 한 문장씩으로 주장의 근거들을 정리해보세요. 주장과 근거로 하고자 하는 말이 분명하게 정리되었나요? 그러면 반론을 펼칠 상대편 입장에 서서 내 근거들이 정당하고 충분한지, 놓친 문제는 없는지를 곰곰이 따져보아야 합니다.

34

분량과 시간, 내용과 결론을 분명히 하라
얼개 잡기

초등학교에서는 하루 종일 내처 자는 아이가 없다. 그런데 고3 교실은 어떤가? 적지 않은 학생들이 '숙면' 중이다. 체력은 고등학생들이 훨씬 좋다. 고3의 집중력은 초등학생들에 비할 게 아니다. 그런데도 왜 학년이 올라갈수록 더 많이 자게 될까?

이유는 부담감에 있다. "할 게 너무 많으면 아무것도 안 한다." 이 말은 영원한 진리다. 초등학교 때는 공부할 분량이 많지 않다. 수업 내용이 이해 안 되면 책상 앞에서 몇 시간 더 품을 들이면 된다. 고등학교 3학년은 어떤가? 공부할 분량은 무한에 가깝다. 몇 시간 더 공부한다고 나쁜 성적이 바로 좋아질 리도 없다.

책상에 앉는 순간, 공부해야 할 것들이 엄청나게 떠오른다. 할 일들이 아우성치는 가운데 집중하기란 쉽지 않다. 멍하니 손 놓고 있다 보면 어느새 스르르 눈이 감긴다. 이렇게 찾아온 잠은 공부보다 더 피로감을 준다. 고민하느라 적지 않은 에너지를 쓰는 탓이다.

고3이 공부에 집중하려면 어떻게 해야 할까? 무엇보다 '울타리를 짓는 일'이 중요하다. 먼저 앞으로 입시까지 남은 시간, 공부할 수 있는 시간부터 꼽아보라. 그리고 그 시간 안에 '할 수 있는 공부'를 헤아린다. 그다음은 오늘 하루에 할 일, 지금 이 순간 해야 할 것을 추려내야 한다. 어느 정도 시간 안에 얼마만큼 공부를 해야 하는지 뚜렷하게 가늠하라는 소리다. "해야 할 것이 분명하면 몰두해서 하게 된다." 이 말도 영원한 진리다.

이 점은 쓰고 말할 때도 다르지 않다. 무엇을 쓰고 말해야 할지 먹먹한가? 그러면 스스로에게 되물어보라.

몇 시간(혹은 분) 동안 말해야 하는가?(말하기의 경우)
어느 정도 분량으로 써야 하는가?(쓰기의 경우)

채워야 할 시간과 분량이 뚜렷하면 전체 얼개를 잡기가 쉬워진다. 나폴레옹은 전투에 앞서 말을 타고 전장戰場을 누볐다. 직접 눈으로 싸움터의 규모를 확인하기 위해서다. 공간에 따라 써야 할 전술이 달라지기 때문이다. 쓰고 말하기도 마찬가지다. 주어진 시간과 분량이 어느 정도인지에 따라 말과 글에 담길 내용이 달라진다.

다음 세 차원의 말을 견주어보자.

1. 차별에 대한 의견을 말하라(논술하라).
2. 차별의 문제를 남녀 성 평등의 관점에서 말하라(논술하라).
3. 차별의 문제를 남녀 성 평등의 관점에서 교사를 뽑을 때 남성
   에게 가산점을 주자는 주장을 사례로 들어 말하라(논술하라).

이 셋 가운데 가장 쓰고 말하기 쉬운 주제는 어떤 것인가? 생각을 정리하는 데는 마지막 것이 쉽게 다가온다. 소재가 구체적일수록 생각도 금방 영근다. 벙벙하고 추상적인 소재는? 생각을 모으기가 쉽지 않다. 어디부터 이야기를 풀어야 할지 막막한 탓이다.

쓰고 말할 내용을 갈래 잡아야 할 때는 '본질을 짚는 구체적인 사례'부터 찾아보라. 성 평등 문제라면 군가산점 논쟁을, 국가 간 역사 갈등이라면 동북공정이나 일본 교과서의 역사 왜곡 문제 등을 끌어들이는 식이다.

핵심 문장key sentence을 뚜렷하게 하는 일도 중요하다. 쓰고 말할 내용의 결론을 분명하게 하라는 소리다. 사랑 고백을 절절하게 한다고 해보자. 안타깝게도 고백은 대개 비극으로 끝난다. 절실한 감정을 털어놓는다고 관계가 바뀔까? 되레 사이가 어색하게 꼬이기 십상이다. 사랑 고백에도 결론은 분명해야 한다. "매일 아침 만나

같이 지하철을 탔으면 좋겠어", "괜찮다면 점심 식사는 늘 같이 하면 어떨까?" 등등으로 말이다. 자신이 무엇을 하고 싶은지, 무엇을 해야 할지가 분명하게 드러나게끔 생각부터 매듭지으라는 뜻이다.

논의의 결론이 뚜렷할 때 글과 말에는 힘이 담긴다. 횡설수설만큼 사람을 피곤하게 하는 것도 없다. 먼저 결론을 한 문장으로 갈무리하라. 우리가 할 일을 뚜렷하게 보여주는 모양새로 말이다.

그러면 글의 전체 얼개도 쉽게 잡힌다. 결론에는 항상 근거와 이유가 따라붙는다. 왜 그래야 하는지의 이유를 '첫째, 둘째, 셋째' 등으로 또박또박 정리하면 되겠다. 남은 일은 여기에 살을 붙여서 글과 말로 풀어내는 작업뿐이다.

이 단계에 이르면 주어진 분량과 시간을 다시 한 번 따져보게 된다. 예컨대, 말할 시간이 30분 주어졌다면 사례 소개에 10분, 근거 두 개를 소개하는 데 각각 5분씩 쓰고, 매듭을 짓는 데 10분을 쓰자는 식이다. 글에서라면 큰 덩어리가 될 만한 내용과 차지할 분량이 마음에 다가온다. 쓰고 말하기를 위한 '작전 지도'가 마련된 셈이다.

읽고 듣는 사람이 누구인지도 꼭 챙겨야 한다. 똑같은 내용이라도 누가 읽고 듣는지에 따라 반응은 다르기 마련이다. 교실에서 친구들이 열광했던 발표를 입사 면접장에서도 똑같이 했다고 해보

자. 면접관들은 10대 소년, 소녀가 아니다. 또한 그들은 회사에서 필요한 능력을 갖추었는지 등등, 알고 싶은 것이 분명한 사람들이다. 상대방이 인정하지 않는 설득은 소용이 없다.

"지피지기면 백전불태다."《손자병법孫子兵法》의 말은 어디서나 통한다. 시간과 내용, 청중(독자)을 오롯이 머릿속에 넣고 얼개를 짰는가? 나의 말과 글에 호소력을 담으려면 이 질문을 수없이 되물어야 한다.

:: 더 생각해보기

다음 주제를 '본질을 짚는 구체적인 사례'가 드러나게끔 다듬어 보자.

1 남북문제의 해결 방안을 논하라.
2 대학입시의 문제점을 논하라.

주제는 범위가 좁고 구체적일수록 논의를 펼치기에 좋습니다. 다음의 예시 답안을 참고해보세요.

1 남북문제의 해결 방안을 논하라.

   : 금강산 관광 사업 파행과 개성공단 운영을 중심으로 남북문제의 해결 방안을 논하라.

■

2 대학입시의 문제점을 논하라.

: 대학입시의 문제점을 현재와 같은 입학사정관제 하에서 공정한

평가가 가능한지를 중심으로 논하라.

35

선택과 집중
설득력을 높이는 글쓰기 병법

효율성은 단순함에서 나온다. 나폴레옹의 전술은 알고 보면 간단하다. 첫째, 전투 부대는 최대한 크게 만들 것. 적은 병사로는 큰 성공을 거두기 어렵다. 싸움이 이어질수록 가랑비에 옷이 젖듯 손실만 늘어날 뿐이다. 그러니 '규모의 경제'를 살려서 흩어져 있는 군사들을 모아 큰 부대를 만들라. 둘째, 신속한 이동. 적의 예측보다 나폴레옹은 항상 먼저 움직였다. 전쟁터에서 머뭇거린 1분이 전체 승부를 뒤엎기도 한다. 셋째, 땅과 날씨에 맞추어 작전을 짤 것. 나폴레옹은 전투가 벌어지기 전에 직접 전쟁터에 갔다. 땅의 생김새를 살펴 방어와 공격에 알맞은 곳이 어디인지를 챙기기 위해서다.

나폴레옹의 병법은 설득하는 글쓰기에도 그대로 통한다. 횡설수설하는 글은 독자에게 짜증만 안긴다. 말하려고 하는 바를 압축

하라. 그리고 '짧고 굵게' 내 뜻을 펼쳐야 한다. 둘째, 설득에도 속도감은 중요하다. 속도감이 있고 긴장이 살아 있는 글만이 상대의 주의력을 붙잡아둘 수 있다. 셋째, 때와 장소를 가려 말해야 한다. 저녁 11시, 야근에 찌든 회사원들 앞에서 미술교육의 중요성에 대한 연설을 했다고 하자. 연설이 과연 호소력 있을까? 이들 앞에서 '근로시간 단축'에 대한 연설을 했다면 어떨까? 아마도 뜨거운 박수를 듣게 될지 모르겠다.

이런 원칙 아래 설득하는 글을 써보자. 구체적인 방법은 이렇다. 먼저 자신이 말하려는 바가 무엇인지부터 분명하게 하자. 설득력 높은 글은 요약하기도 쉽다. 아무리 길고 복잡해도 말하려는 바가 분명하게 드러나기 때문이다. "그러니까 북한에 식량을 보내주어야 한다는 말이군", "내신 성적 반영 비율을 낮추면 공교육이 위험하다는 주장이야"라는 식으로 말이다.

바늘에 실을 꿰려면 끄트머리를 잡아야 한다. 글에서 결론은 끄트머리 구실을 한다. 자신의 결론을 한 문장으로 분명히 정돈하고 나면 글의 구성도 한결 분명해진다. 한비자韓非子는 과녁이 없다면 화살촉이 날카로워도 소용이 없다고 말했다. 화려한 드리블도 골을 못 넣으면 헛수고다. 꾸밈말과 멋진 논변을 짜기에 앞서 내가 무엇을 왜 말하려고 하는지부터 정리하자.

■

그다음은 자신의 주장을 부분으로 쪼개는 일이다. 거창하고 커다란 이야기일수록 논의는 다루기 쉬운 덩어리로 나누어야 한다. "자유를 어떻게 실현해야 하는가?"라는 주제를 예로 들어보자. 너무 큰 주제를 접하면 숨부터 막혀온다. 논의가 구체성을 띠고 현실감 있게 다가오도록 부분으로 나누어보라. 경제 분야에서 자유란 무엇을 말하는가? 정치 분야에서 자유는? 학교에서 자유란 무엇을 말하는가? 등등. 이런 식으로 분야를 정해 논의를 갈라놓으면 글쓰기 부담은 한결 가벼워진다.

그다음 단계는 필요 없는 논의를 솎아내는 일이다. 꼭 있어야 할 말이 아니면 다 날려버려야 한다. 추가 설명은 질문을 받고 해도 충분하다. 새로 산 컴퓨터를 처음 켤 때 사람들이 알고 싶어 하는 바는 시작 스위치가 어디 있는가다. 그 이상의 설명은 귀에 들어오지 않는다. 세세한 사항을 예상 질문까지 짜서 '친절하게' 설명해 봤자 소용없다. 짧고 굵게, 상대방 귀에 들릴 법한 내용만 말할 것. 이 정도 규칙만 지켜도 내가 쓰는 글은 충분히 울림을 갖고 상대에게 다가갈 것이다.

모리스 라벨Joseph Maurice Ravel의 〈볼레로〉는 곡 길이가 15분에 이른다. 하지만 15분 동안 똑같은 멜로디와 리듬이 반복될 뿐이다. 그러면서도 악기가 하나하나 늘어나면서 연주는 점점 크고 웅

장해진다. 라벨은 연주 도중에 박자가 빨라지면 지휘자에게 불같이 화를 냈다고 한다. 그럼에도 청중들은 뒤로 갈수록 멜로디가 점점 빨라지면서 강렬해진다고 느낀다.

설득력 높은 글도 그렇다. 좋은 글은 처음부터 끝까지 주제에서 벗어나지 않는다. 그러면서도 블록을 쌓듯 근거들을 하나하나 늘려간다. 흥분하지 않아도 글은 절실한 호소를 담고 독자에게 강한 인상으로 박히기 마련이다.

연암 박지원은 이렇게 말한다. "글자는 병사이고 뜻은 장수다. 제목은 적국이고, 전장고사典掌故事(인용할 만한 글과 고사성어)는 싸움터의 진지다……. 그러므로 병법의 달인에게는 버릴 만한 병졸이 없고, 글 잘 쓰는 사람에게는 버릴 만한 글자가 없다."

글이 '적장'을 제대로 향해 있는가? 혹시 주제와 겉돌고 있는 내용은 없는가? 지면을 낭비하며 쓸데없이 길어지지는 않았는가? 군사 작전을 짜듯 글을 점검해보자. 효율적인 작전에 군더더기가 없듯, 호소력이 큰 글은 간명하고 거침없다.

:: 더 생각해보기
다음 주제에 대한 글쓰기 개요를 짜보자.

1 자유와 평등의 관계에 대해 논하라.

2 양심적 병역 거부는 정당한가?

두 논제들은 모두 '큰' 주제들입니다. 버거운 주제들은 다루기 쉽도록 구체적인 부분들로 쪼개야 합니다. 예컨대, 자유와 평등이라면 논의할 '범위'부터 분명히 해봅시다. 정치적 차원에서 혹은 경제적 차원에서 등등으로 말입니다. '양심적 병역 거부'라면 원론적인 수준보다 구체적인 사례를 중심으로 논의를 펼치는 쪽이 호소력이 높습니다. 강의석 등등 우리 사회에 널리 알려진 병역 거부자들을 사례로 삼아도 좋겠지요. 논의의 범위를 분명히 했다면 나의 생각부터 한 문장으로 정리해봅시다. 그리고 설득할 '독자'의 특징을 머릿속에 그리며, 그들에게 호소력 있는 근거를 추려봅니다.

36

포인트, 템포, 절제
횡설수설에 질서를 입히는 논리 트라이앵글

전설적인 복서 무하마드 알리Muhammad Ali는 이렇게 말했다. "나비처럼 날아서 벌처럼 쏴라." 무작정 인상 쓰고 덤비지 말고, 유연하게 접근해서 효과 있게 때리라는 뜻이다. 그러나 미숙한 복서들은 벌처럼 날다가 나비처럼 때리곤 한다. 잔뜩 긴장하여 무리할 뿐, 제대로 된 유효타 하나 건지지 못한다. 권투에서는 힘 줄 때 주고, 뺄 때 빼는 타이밍이 중요하다.

논리도 그렇다. 설득력은 처음부터 끝까지 목청을 높인다고 커지지 않는다. 사랑 고백이 실패하는 이유가 여기 있다. 쏟아져 나오는 표현마다 다 절실했지만 정작 모아놓고 보면 자기 말이 횡설수설에 지나지 않음을 깨닫곤 한다. 말하고자 하는 핵심이 무엇인지부터 충분히 가다듬은 후 입을 열어야 했다.

영화를 예로 들어보자. 엄청난 돈을 들여 '스펙터클'하고 '판타스틱'한 장면들을 줄줄이 엮었다 해도 '포인트'가 살아 있지 않으면 끝장이다. 액션물이라고 해서 두어 시간 내내 화려한 액션만 펼쳤다가는 역효과만 날 뿐이다.

잡지도 그렇다. 목차를 보면 권두사처럼 약방의 감초같이 끼어 있을 뿐, 좀처럼 눈이 가지 않는 글들이 꽤 있다. 왜 이런 글들을 실었을까? 대개 독자들은 흥미 있는 부분만을 본다. 하지만 나머지 내용은 끌리는 부분을 두드러지게 하는 역할을 한다.

경제학자 파레토V. Pareto의 '80대 20 법칙'이 이를 설명해준다. 매장에서 잘 팔리는 물건은 대개 전체의 20퍼센트 남짓이다. 그렇다면 잘나가는 20퍼센트만 매대에 놓고 나머지는 없애버리면 어떨까? 판매량이 오히려 줄어든다. 이런 사례를 찾기란 어렵지 않다. 대형 서점이나 동네 책방이나 팔리는 책은 거의 같다. 그럼에도 사람들은 큰 서점을 더 좋아한다. 말과 글의 '포인트'란 '가장 잘나가는 상품'과도 같다. 나머지는 이를 위한 '배경'과 '포장' 역할을 해주어야 한다.

템포의 조정도 중요하다. "박수 칠 때 떠나라"는 말은 논리의 영원한 진리다. 늘어지는 글이나 말치고 인상 깊게 다가오는 경우는 거의 없다. 심리학자들의 내시경 실험을 예로 들어보자. 첫 번째 사람들에게는 짧지만 아주 고통스럽게 검사를 했다. 두 번째 사람들에게는 통증이 길게 이어지지만 못 견디게 아픈 순간은 없게끔 검사를 했다. 그러고 나서 두 무리에게 다음에 한 번 더 내시경 검사를 할 수 있겠느냐고 물었다. 어느 쪽이 더 많이 하겠다고 나섰을까? 검사 시간은 길었지만 고통은 적었던 쪽이다.

사람의 뇌는 겪은 일 중에서 가장 깊고 확실한 부분만을 기억에 남긴다. 짧은 순간 극도로 아팠던 추억은 고통스러운 긴 경험들을 누르고도 남는다. 설득에서도 그렇다. 선동의 달인이었던 히틀러는 연설에서만큼은 '박수 칠 때 떠날 줄 아는' 사람이었다. 그의 연설은 천천히 달아오르다가 이내 울부짖음에 가까운 절정에 이른다. 하지만 내려오는 길은 결코 완만하지 않다. 단두대 칼날을 내리는 듯 단호한 손동작과 명쾌하게 끊어지는 단어들, 박수가 터져 나오면 히틀러는 주저 없이 등을 돌려 단상을 내려왔다. 독일어를 한 마디도 못 알아들어도 그가 연설하는 모습만으로도 강렬한 인상이 와서 박힌다. 이처럼 상대의 가슴에 느낌표를 찍으려면 절정에 뒤이어 군더더기를 붙이지 마라. 글에서도 속도감은 중요하다.

또한 핵심만 보여주는 게 능사는 아니다. 사용 설명서를 읽기가 왜 버거운지 떠올려보라. 성마르게 요점만 보여주는 글은 마음을 불편하게 한다. 철학자 칸트의 강의는 항상 인기가 있었다. 그는 항상 재밌고도 흥미진진한 일화로 수강생들의 머리와 마음을 달궜다. 그런 후에 짧고 분명하게 핵심을 이야기하고, 청중들의 눈에 더 듣고 싶어 하는 기운이 남아 있을 때 강의를 그칠 줄 알았다.

분명한 포인트와 늘어지지 않는 템포, 그리고 더 듣고 싶은 욕구가 있을 때 끝낼 줄 아는 절제력. 이 셋은 설득을 위한 '논리 트라이앵글'이다. 논리 트라이앵글 안에 자기주장을 집어넣을 수 있다면 그대는 이미 논리의 달인이다.

:: 더 생각해보기

다음 글을 논리 트라이앵글에 맞추어 설득력 있게 고쳐보자.

주변에 쓰레기를 아무렇게나 버리는 사람들을 보면 화가 머리끝까지 치밀어 오를 때가 많다. 누구는 청소하고 누구는 버리는 사람인가? 왜 사람들은 입장을 바꿔서 생각을 하지 못하는 것일까? 내 친구 철수만 해도 그렇다. 철수의 주변은 늘 쓰레기통같이 지저분하지만 정작 본인은 쓰레기통 근처에 가보는 일도 없다. 어떻게 사람이 그럴 수 있을까? 성실하고 똑똑하고 양심적이며 예쁘기까지 한 영희를 보고 배우면 얼마나 좋을까?

스티븐 킹Stephen King은 "글을 쓸 때 한 번은 서재 문을 닫고 쓰고 한 번은 열어놓고 쓰라"고 충고합니다. 쓸 때는 집중해서 써야 하고 퇴고 단계에서는 비판이 필요하다는 뜻이지요. 아울러 "퇴고는 (자신의 원고

가) 어느 고물상에서 구입한 골동품처럼 낯설게 보일 정도로 충분한 시간을 묵힌 후에 하라"고도 합니다. 논리 초보자라면 퇴고하고 검토할 때 논리 트라이앵글을 사용하도록 하세요.

자기 글에 대한 기대 수준이 너무 높으면 글을 쓰기 힘들어집니다. 주장을 펼치기도 전에 자기 검열의 높은 벽에 부딪혀 주눅이 들기 때문입니다. 연습 문제처럼 되는 대로 생각을 뱉어놓고 차근차근 다듬어보세요. 논리 트라이앵글의 틀로 글을 고치고 다듬는 가운데 논리 감수성은 빠른 속도로 자라날 것입니다.

37

정교한 수사로 논리에 느낌표를 찍어라
어휘 고르기

양머리는 찜질방의 운치를 더한다. 그러나 양머리를 하고 교실에 앉아 있다면 어떨까? 멋스러운 정장은 격식 있는 파티에 제격이다. 하지만 찜질방에서 넥타이에 커프스 단추까지 하고 앉아 있다면? 좀처럼 경험하기 힘든 최고의 꼴불견일 것이다.

패션에는 코디 감각이 필요하다. 아무리 좋은 옷이라도 분위기와 맞아야 제대로 멋이 나는 법이다. 말도 마찬가지다. 정교하고 치밀한 논리도 그 자체만으로는 설득력을 내지 못한다. 복작거리는 시장 한복판에서 늘어지게 이야기해서는 아무도 내 이야기에 귀를 기울이지 않는다. "배추 한 단에 1000원!" 하는 식으로 핵심만 반복해서 외쳐야 호소력이 있다. 반면, 배추 학술 발표회에서는 어떨까? 여전히 "한 단에 1000원!"만 힘주어 주장한다면? 이런 자리에서는 단가를 1000원까지 낮추고도 품질이 여전히 좋다는 점을 체계 있게 펼쳐 보여야만 사람들을 제대로 설득할 수 있다.

따라서 무언가를 주장할 때는 분위기 파악부터 튼실하게 해야 한다. 제일 먼저 "누구한테 주장을 하는가?"부터 명확히 하자. • '칵테일 파티 효과'라는 게 있다. 시끌벅적한 칵테일 파티에서 관심을 끄는 방법은 무엇일까? 바로 상대의 이름을 부르는 일이다. 아무리 소란해도 자기 이름은 또렷하게 들리는 법이다. 내가 펼치려는 주장도 그렇다. 사람에게는 자기가 듣고 싶은 내용만 듣는 속성이 있다. 내가 하고 싶은 말을 상대의 관심사에 맞추어 이야기하라.

> 칵테일 파티 효과cocktail-party effect 파티장처럼 시끄럽고 번잡한 곳에서도 자신에 관한 이야기는 잘 들리는 현상을 말한다.

예컨대, 대입 자기 소개서는 대학에서 신입생을 뽑을 때 관심을 가질 만한 부분이 무엇인지를 염두에 두고 써 내려가야 한다. 사업 계획서를 쓸 때도, 팔려는 상품에 대한 글을 인터넷 게시판에 올릴 때도 독자가 누구이고 무엇에 관심이 있는지를 헤아려보라. 글을 어떻게 방향 지어야 할지 쉽게 가늠할 수 있을 것이다.

나아가 낱말 하나하나가 지닌 분위기도 잘 고려해야 한다. 잘 차려입고도 어울리지 않는 액세서리 하나 때문에 이미지가 확 깨는 경우가 있다. 문장을 짤 때도 그렇다. "그녀는 눈물을 감추기 위해 급히 화장실로 사라졌다"와 "그녀는 눈물을 감추기 위해 급히 변소로 사라졌다"를 비교해보자. 문장에서 느껴지는 '포스'가 확실히 다르지 않은가.

때에 따라서는 낱말 선택 때문에 오해가 생길 수도 있다. "철거 위기에 놓인 '럭셔리 팰리스' 주민 30여 명의 절박한 처지를 묵과해서는 안 된다"라는 주장을 보자. '럭셔리 팰리스'라는 단어는 고급 주택을 떠올리게 한다. 그런데 실상은 다 쓰러져가는 허름한 공동 주택이라면 어떨까? 아마도 절절한 호소는 '럭셔리 팰리스'라는 낱말의 뉘앙스에 눌려서 제대로 전달되지 못할 것이다. 같은 직종이라고 해도 '안전요원'이라고 부를 때와 '시급제 아르바이트생'이라고 부를 때의 느낌은 하늘과 땅 차이다. 주장을 펼칠 때는 쓰인 낱말들이 나의 의도와 맞는지를 꼭 점검해야 한다.

차별의 의미로 들릴 수 있는 단어에는 더더욱 주의가 필요하다. 이른바 'P.C.'를 준수하라는 뜻이다. P.C.란 '정치적 올바름political correctness'을 뜻한다. 예를 들어, 의장議長을 뜻하는 'chairman'이라는 단어는 올바르지 못한 표현이다. 의장이 꼭 'man'이어야 하는 법이 있는가? 당연히 의장은 여자도 될 수 있다. 무심코 쓰는 말 속에 남자만 요직을 차지해야 한다는 편견이 담겨 있는 셈이다.

그러니 'chairman'은 'chairperson'이라고 쓰는 게 P.C.에 맞는 표현이다.

우리말에서도 마찬가지다. 흑인을 가리켜 '깜둥이'라고 부르는 사람은 아주 드물다. 상식 있는 사람이라면 누구나 이 말이 절대 해서는 안 되는 모욕임을 잘 알고 있다. 그래서 제정신으로 이런 말을 내뱉는 사람은 극히 드물다. 하지만 "우리는 단일민족이다" 라는 표현은 어떨까? "강인한 훈련을 통해 신병들은 진짜 사나이로 거듭났다"는 말은 또 어떤가? 누군가에게는 벅찬 자부심을 느끼게 하는 표현이겠지만 동시에 누군가에게는 상처가 되는 표현이다. 우리 주변에는 피부색이 다른 한국인들이 점점 늘어나는 추세다. 이는 사회가 점점 선진국처럼 바뀌고 세계화되어가는 추세로 볼 때 전혀 이상한 일이 아니다. 그런데 '단일민족'이라는 말 속에는 '인종이 다르면 한국인이 아니다'라는 색안경 낀 의견이 숨어 있다. '훈련을 통해 진짜 사나이로 거듭났다'라는 말 속에도 제대로 된 군인은 남자여야만 한다는 기묘한 논리가 꿈틀거린다.

물론 이렇게 말하는 사람 중에는 억울한 이들이 많다. 누구를 비하하려는 뜻은 전혀 없었다고 말이다. 하지만 말이란 '아' 다르고 '어' 다른 법이다. 입에서 나간 말은 내 뜻대로 움직이지 않고 상대의 귀에 따라 변한다. 내 주장의 앞뒤 전후를 꼼꼼하게 살펴서 수사修辭를 다듬고 또 다듬자. 그래야 상대의 가슴에 오해가 아닌

■

느낌표를 찍을 수 있다.

:: 더 생각해보기
나를 소개하는 글을 다음 조건에 맞춰 각각 500자 내외로 작성
해보자.

1 자신이 일하고 싶은 직장의 채용 담당자에게 보낼 자기 소개서를 써
  보자.
2 자신이 활동하고 싶은 동호회나 동아리 회원들에게 자신을 소개할
  글을 써보자.

자기 소개서를 쓸 때는 누가 이 글을 읽을지를 염두에 두어야 합니다.
직장은 나의 능력이나 경력 등 업무와 관련된 사항에 관심이 많기 마
련입니다. 당연히 소개서에서도 가산점이 될 수 있는 부분을 강조해야
겠지요. 반면, 친목 목적의 단체 구성원들에게 자신을 보여주는 글을
쓸 때는 동아리 회원들의 관심사가 나와 무엇이 같고 다른지를 헤아
려야 합니다. 성적, 스포츠, 이성異性, 게임 등 내게는 흥미롭고 절실한
사항이 다른 이들에게는 지루하고 관심 없는 내용일 수도 있답니다.
내가 쓰는 낱말 중에 상대방에게 오해를 살 만한 것은 없는지도 꼭 챙
겨보아야 합니다.

38

반복은 논리보다 힘이 세다
'짝짓기'와 '말떼 전략'

이란, 이라크, 북한. 조지 부시George W. Bush 미국 전 대통령이 '악의 축axis of evil'으로 꼽은 나라들이다. 이 셋은 작당하고 몰려다니며 테러를 일삼는 듯싶다. 하지만 곰곰이 따져보자. 세 나라는 서로 어떤 사이일까?

이란과 이라크는 철천지원수에 가깝다. 둘은 10년 가까이 죽기 살기로 싸우기까지 했다. 북한과 두 나라 사이는 어떨까? 북한은 이란이나 이라크와 가깝게 지낼 입장이 아니다. 너무 먼 곳에 떨어져 있는 데다가 이해관계가 얽힐 일도 드물다. 셋 사이의 공통점은 '미국이 싫어한다'는 것 정도다.

그럼에도 '악의 축' 이미지의 위력은 엄청났다. 언론은 앞다투어 이란과 이라크, 북한을 '불량 국가'로 싸잡아 손가락질해댔다. 그럴수록 이 셋은 더욱 끈끈하게 얽힌 한 덩어리로 보였다. 물론 조금만 눈여겨봐도 세 나라의 사이가 동뜨다는 사실이 금방 드러난다. 그러나 이 점을 묻고 따지는 사람은 많지 않았다. 결국 셋은 '세상의 적敵'이라는 점에서 차이가 없게 되었다. 부시 전 대통령의 '이미지 만들기image making' 전략은 성공을 거둔 셈이다.

세상은 자신이 원하는 이미지를 만들어내려는 노력들로 가득하다. 심리학자들은 하나같이 첫인상의 중요성을 강조한다. D.루이스D. Lewis 같은 학자들은 인상의 93퍼센트는 말이 아닌, 이미지에 따라 결정된다고 말할 정도다. 게다가 한번 굳어진 이미지는 좀처럼 바뀌지 않는다. 그렇다면 어떻게 해야 내가 바라는 이미지를 만들 수 있을까?

반복은 논리보다 설득력이 크다. 인상印象은 논리에 따라 조목조목 만들어지지 않는다. 기업들의 광고를 예로 들어보자. 길거리 곳곳에는 "사랑해요 LG", "또 하나의 가족 삼성" 등 홍보 문구가 넘쳐난다. 그런데 그 문구들을 읽으며 "왜 LG를 사랑해야 할까?", "삼성이 왜 가족일까?"라며 따지는 사람들이 많던가?

광고에서는 '논리'보다 '노출'이 훨씬 중요하다. 더 많이 더 자주 볼수록 홍보 효과가 높다는 뜻이다. 사실 '사랑'이나 '가족'은 기업의 실제 모습과는 거리가 멀다. 기업은 이익을 좇는 차가운 집단이다. 이익이 있다면 살가운 사이끼리도 거침없이 경쟁을 벌인다. 생존을 위해서라면 직원도 칼같이 잘라버린다. 그럼에도 거듭되는 따스한 문구는 기업에 대한 이미지를 서서히 바꿔놓는다.

반복이 논리보다 설득력이 큰 경우는 정치에서도 흔히 벌어지곤 한다. 미국의 링컨 대통령은 선거 문구로 "정직한 링컨Honest Lincoln"을 앞세웠다. 'honest'라는 낱말은 링컨이라는 이름과 함께 부드럽게 읽힌다. '후크 효과hook effect'가 일어난 셈이다. 후크 효과란 마치 고리가 귀에 걸리듯 소리가 마음에 다가오는 모습을 말한다.

사람들이 "어니스트 링컨"을 반복하여 말할수록 링컨은 더더욱 정직한 정치가로 여겨졌다. 물론 링컨을 정직한 사람으로 여길 근거는 그다지 많지 않았다. 그럼에도 한번 굳어진 이미지는 좀처럼 바뀌지 않았다.

재야 운동가인 제이슨 델 간디오Jason Del Gandio는 반복의 효과를 '짝짓기coupling'와 '말떼 전략clustering'으로 더욱 정교하게 풀어준다. 미국 언론을 보면 오사마 빈라덴Osama bin Laden 이름 앞에는 '테러리스트'라는 꾸밈말이 붙곤 한다. 그의 이름과 함께 사담 후세인, 카다피 등등 아랍권 지도자의 기사가 따라다니기도 했다. 오사마 빈라덴과 테러리스트, 그리고 다른 독재자들을 서로 짝 지어놓은 모양새다. 앞뒤로 이어지며 이름과 낱말이 거듭 반복될수록 사람들은 이 모두를 안 좋은 한 덩어리의 이미지로 떠올리게 된다.

말떼 전략은 이보다 더 품이 드는 반복 전략이다. 간디오는 미국의 TV와 신문이 이라크 전쟁을 보도할 때 썼던 단어들을 눈여겨본다. "부수적인 민간 피해", "정밀 공중타격", "무력화된 적", "민주주의의 확산" 등등.

이 말들을 다르게 표현하면 어떨까? '전쟁 중에 일어난 민간인 살해', '엄청난 예산이 들어간 초정밀 폭탄 투하', '이라크 군인 수만 명 살해', '미국식 제도 정착' 등으로 말이다.

실제 일어난 '사실fact'은 똑같다 해도 듣는 입장에서 느끼는 느낌은 완전히 달라진다. "부수적인 민간 피해"와 "민주주의의 확산"이라는 말을 들을 때는 이라크 전쟁이 정의롭고 바람직하다는 생각이 든다. 반면, '민간인 살해', '미국식 제도 정착' 등등의 낱말을 쓰는 뉴스를 접할 때의 마음은 편치 않다.

말떼 전략에서는 자신이 원하는 분위기로 단어를 바꾸어 문장을 만든다. 그리고 이를 여러 다른 표현으로 거듭 반복한다. 예를 들어보자. "그는 키가 작고 소심하다. 게다가 공부도 못하고 화도 잘 낸다." 이 말을 말떼 전략을 써서 바꾸어 표현해보자. "그는 체구가 아담하고 생각이 많다. 그리고 성과에 조급하지 않은 데다가 정열적인 성격이다."

소개하려는 사람은 똑같지만 완전히 다른 인물로 다가올 것이다. 똑같은 주장도 어떤 분위기에서 펼치느냐에 따라 설득력은 크게 차이가 난다. 무엇을 말하는지에 앞서 내가 어떤 이미지로 다가가는지를 먼저 짚어보아야 하는 이유이기도 하다.

그렇다면 스스로에게 되물어보자. "정직한 링컨"처럼, 내 이름 앞에 짝짓기할 만한 꾸밈말은 무엇일까? 나아가 나의 안 좋은 점은 무엇일까? 그리고 어떻게 해야 이를 바람직하고 긍정적인 표현으로 옮길 수 있을까? 이때 말떼 전략은 아주 요긴하다. 이미지를 굳히는 데는 반복이 논리보다 힘이 세다. 거듭해서 강조할 나의 핵심 이미지가 무엇인지 곱씹어볼 일이다.

:: 더 생각해보기
말떼 전략을 써서 다음 말을 긍정적으로 바꿔보자.

"우리 회사는 작고 초라한 데다 실적이 좋지 않습니다. 급여도 대기업에 비해서 많은 편이 아닙니다."

"우리 회사는 작고 초라한 데다 실적이 좋지 않습니다"는 '사실'이 아니라 '해석'을 담은 말입니다. '작고 초라하다', '실적이 좋지 않다'는 표현에는 이미 말하는 이의 평가가 담겨 있기 때문입니다. "우리 회사의 직원은 세 명이고, 월 매출은 1000만 원이 되지 않으니다"라고 말해야 '객관적인 사실'이 됩니다. 사실에 대한 해석을 담은 낱말을 부정적인 것에서 긍정적인 것으로 바꾸어보세요. 똑같은 사실도 완전히 다른 느낌으로 다가옵니다. 예시 답안을 참고하세요.

"우리 회사는 아담한 규모입니다. 현재의 실적보다는 미래에 기대를 거는 분위기입니다. 대기업에 견줄 때 직원들의 급여는 거품이 없는 편입니다."

39

설득은 분위기에서부터 이루어진다
촉발 효과

1979년 심리학자 엘렌 랭거Ellen Langer는 흥미로운 실험을 했다. 그이는 노인 요양원에서 70대 남자 10명을 모셔왔다. 그러곤 이들을 외딴 장소에서 지내게 했다. 그곳에는 모든 것이 1959년의 상황으로 꾸며져 있었다.

노인들이 버스를 타는 순간 라디오에서는 1959년에 유행했던 노래가 흘러나왔다. 서가도 1959년도에 나왔던 신문과 잡지들로 채워졌다. 사람들의 말투와 복장도 그 시대의 것이었고, 대화 내용도 1950년대의 핫이슈로만 채워졌다. 이렇게 노인들은 일주일을 보냈다. 생활 전체를 20년 전으로 돌려놓은 셈이다.

한 주가 지난 후 노인들은 어떻게 바뀌었을까? 노인들은 외모부터 훨씬 젊어 보였다. 건강도 좋아졌다. 들어갈 때는 휠체어에 몸을 기댔던 노인들이 나올 때는 미식축구 공을 패스하며 놀 정도였다.

.

엘렌 랭거의 이 실험은 '시계 거꾸로 돌리기 실험counterclockwise experiment'이라는 이름으로 널리 알려져 있다.

시계 거꾸로 돌리기 실험 결과에 의심이 들지도 모르겠다. 그러나 시계 거꾸로 돌리기는 우리 일상에서도 흔하게 벌어진다. 오십 줄의 사내들이 고교 동창회에 모였다고 해보자. 그들의 말투는 어느새 10대 때로 돌아가 있다. "야, 인마! 형님을 보고 인사도 안 하냐?" 등등. 희끄무레해진 머리카락도 잊어버린 채 그들은 10대들처럼 키득거리며 농을 부린다.

해병대 군복을 입고 어깨에 힘주는 재향군인 회원들은 어떤가. 그들의 얼굴에는 나이에 걸맞지 않은 씩씩함과 결연함이 피어오른다. 어른처럼 화장하고 성장한 아이는 성인이 된 듯 되바라진 행동을 하기 쉽다.

엘렌 랭거는 이런 모습을 가리켜 ● '촉발 효과'라고 부른다. 주변 환경은 생각과 행동을 불러일으키는 방아쇠와 같다. 바뀌는 환경에 따라 사람들의 마음가짐이 달라진다는 뜻이다.

촉발 효과는 설득에 있어 아주 중요하다. '가장 존경하는 사람

촉발 효과triggering effect 작은 변화가 마치 방아쇠trigger를 당기듯 순차적으로 큰 변화를 이끄는 현상을 일컫는 말이다.

은 누구인가?'에 대한 답은 장소에 따라 달라지곤 한다. 누구를 존경하느냐는 물음을 교실 안에서 받았을 경우, 등산로에서 들었을 경우, PC방에서 마주했을 경우를 떠올려보자. 장소에 따라 다른 인물이 떠오르기 쉽다. 똑같은 인물을 놓고도 어느 장소에서 평가하는지에 따라 결과는 춤을 춘다. 따라서 설득을 위해서는 주변 분위기부터 나의 의도에 맞게 꾸며놓아야 한다.

나치는 정치 행사를 어스름한 저녁 무렵에 열었다. 수천, 수만 명이 모여 저마다 촛불을 들고 있는 상황, 곳곳에 타오르는 횃불과 휘날리는 깃발은 그 자체로 감동을 준다. 사람들은 자신이 뭔가 거룩하고 장엄한 일에 참여하고 있다는 느낌을 받을 것이다. '민족'과 '국가' 같은 거창한 낱말을 앞세우는 나치의 주장을 듣기도 전에 그들의 설득에 고개를 끄덕일 준비를 하게 되는 셈이다.

사랑 고백을 할 때는 또 어떤가. 무더운 여름, 엄청 붐비는 매점 앞에서 감정을 털어놓는다고 해보자. 상대는 어떤 느낌을 받을까? 반면, 장미 향기가 은은한 꽃밭에서 수줍게 고백을 할 때는? 이처럼 주변 상황은 나의 주장만큼이나 설득에 큰 영향을 미친다.

그래서 변호사들은 법정에서 유리한 촉발 효과를 일으키려고 끊임없이 노력한다. 사람을 때려서 처벌받는 이를 옹호한다고 해보자. 이때 변호인은 가해자가 피해자를 어떻게, 얼마나 다치게 했는지부터 말하지 않는다. 대개는 때린 사람이 얼마나 불쌍하게 자랐으며 힘들게 살아왔는지를 구구절절 설명하려 한다. 똑같은 행동도 어떤 배경에서 바라보느냐에 따라 다른 느낌으로 다가오는 탓이다.

옷차림새나 말본새도 설득력에 크게 영향을 미친다. 정치인 유시민이 국회의원에 처음 당선되었을 때 일이다. 그이는 청바지에 캐주얼한 재킷을 입고 국회에 나갔다. 짙은색 정장은 국회의원들의 '유니폼'과도 같다. 이런 분위기에서 유시민의 복장은 무엇을 말해줄까? 긴 머리에 찢어진 청바지를 입고 연단에 선 사람과 깔끔하게 면도한 푸르스름한 턱에 넥타이 차림으로 연설에 나선 사람. 이 둘은 이미 복장에서부터 다른 주장을 펼치고 있는 셈이다.

프랭클린 D. 루스벨트Franklin D. Roosevelt 미국 전 대통령은 라디오 연설을 즐겨 했다. 프로그램 이름은 '노변정담Firesides Chats'이었다. 따뜻한 난롯가에 모여 앉아 두런두런 이야기를 나눈다는 뜻이다. 프로그램 이름 자체가 대통령과 깊은 속내를 나누는 듯한 느낌을 준다. 만약 프로그램 이름을 '대통령 주례 라디오 연설'이라고 붙였으면 어땠을까? 그래도 루스벨트의 라디오 연설이 사람들의 관심을 끌었을까? 말의 뉘앙스가 가진 힘을 깨닫게 해주는 대목이다.

이처럼 우리 두뇌는 분위기와 뉘앙스에 휘둘리곤 한다. 주장을 펴기에 앞서 내 주장에 어울리는 '분위기'를 분명히 하는 것이 좋겠다. 나는 상대방에게 무엇을 호소하려고 하는가? 동정심을 불러일으키고 싶은가? 부당한 일에 대한 분노를 일으키고 싶은가? 대의大義를 따르라고 엄숙하게 충고하고 싶은가? 내 따뜻한 관심을 알아달라며 호소하려 하는가? 말하려는 내용에 따라 설득력 있는 분위기는 달라지기 마련이다.

설득은 논리로만 이루어지지 않는다. 내가 펼치려는 주장과 궁합이 맞는 때와 장소는 논리와 근거만큼이나 호소력이 크다. 무엇을 말할지에 신경 쓰기 앞서 '어디서', '언제' 말할지에 세심하게 마음을 써야 하는 이유다.

:: 더 생각해보기

효과적으로 촉발 효과를 이용하려면 다음 주장을 어떤 배경이나 맥락에서 하는 것이 좋을까? 구체적인 사례를 들어 설명해보자.

1 개전開戰 선언

2 화해 메시지 전달

3 제2의 창업創業 선포

전쟁에서는 '명분'이 중요합니다. 감정이나 이익에 휘둘려 폭력을 쓰는 것이 아님을 분명하게 보여야 하기 때문입니다. 전쟁의 정당성을 호소할 때는 존경받는 호국선열, 정의로운 옛 전사戰士들의 동상이나 이야기를 배경으로 끌어들이곤 합니다. 화해 메시지를 전달할 때는 서로가 사이 좋았던 시절을 먼저 떠올리곤 합니다. "우리 그때 기억나니?"라는 식이지요. 제2의 창업을 선언할 때는 창업할 때의 결연한 분위기를 되살리려 애씁니다. 연극에서 무대장치는 배우의 연기만큼이나 중요합니다. '완벽한 연출'의 효과를 소홀히 여겨서는 안 됩니다.

40

두뇌가 군침 흘리게끔 쓰고 말하는 기술
4C

우리 두뇌는 생각을 싫어한다. 예를 들어보자. 자갈길을 걷는 것은 별로 어렵지 않다. 반면 '3456×8765' 같은 계산은 어떤가? 생각만 해도 머리가 아파온다. 컴퓨터는 정반대 처지다. '3456×8765'의 답은 금방 구해낸다. 하지만 컴퓨터를 통해 로봇이 자갈길을 걷게 하는 일은 무척 어렵다.

인지심리학자 대니얼 윌링햄Daniel T. Willingham에 따르면 인간 두뇌의 본래 용도는 '생각'이 아니다. 두뇌는 걷고 뛰고 마시는 등 몸의 움직임을 다스리는 기관이다. 운동장에서 뛰어 노는 일은 즐거워도 책상 앞에서 궁싯거리는 작업은 버거운 이유다.

머리 굴리는 일을 아주 싫어하는 두뇌에게 읽기와 듣기는 벅차고 힘든 작업이다. 어떻게 해야 두뇌가 내 의견을 맛깔나게 느끼도록 쓰고 말할 수 있을까?

·

월링햄은 '4C의 기술'을 일러준다. 4C란 '원인과 결과causality', '갈등conflict', '복잡성complication', '성격과 모양새character'를 말한다. 하나씩 살펴보도록 하자.

먼저 우리 두뇌는 이야기를 아주 좋아한다. 다음 두 경우를 견주어보라. "그녀를 보았다. 나는 집을 나섰다.""그녀를 보았다. 이별을 떠올린 나는 가슴이 먹먹했다. 그래서 집을 나섰다." 어느 쪽이 흥미롭게 다가오는가?

자연 속에서 동물들은 원인과 결과를 끊임없이 떠올리며 살아간다. 고양이가 어딘가를 노려본다고 하자. 이 모습만 봐도 호기심이 자연스레 일어난다. 그리고 고양이가 왜, 무엇을 보는지 알아내려 고개를 기웃거리게 될 것이다. 두뇌는 '왜?', '무엇을?'을 달고 산다. 상대의 행동을 예측할수록 살아남기에 유리한 탓이다. 이렇듯, 원인과 결과가 탄탄하게 얽힌 이야기를 좋아하는 데는 진화적인 이유가 있다.

갈등은 흥미를 끄는 가장 큰 힘이다. 싸움구경은 재밌다. 불구경 또한 못지않다. 하지만 "오래도록 행복하게 잘 살았답니다" 같은 부류의 이야기는 하품만 나게 한다. 갈등이 현재 진행형일 때 우리의 온 신경은 곤두선다. 또한 어떤 결말이 맺어질지 초조한 눈으로 지켜보게 된다.

그래서 영화를 찍는 이들은 갈등을 심어놓는 데 힘을 기울인다.

할리우드 영화에서는 상영 20분 후에야 주된 갈등이 드러나곤 한다. 왜 주인공이 악당과 원수가 되었는지, 무엇 때문에 목숨을 걸어야 하는지 등등 관객들이 갈등을 이해하도록 충분히 시간을 두고 설명하는 모양새다.

쓰고 말할 때도 마찬가지다. 쓰고 말하기에서 갈등은 '물음'으로 나타난다. "왜 우리는 ～을 해야 하는가?", "왜 ～은 문제인가?" 등등의 물음은 두뇌를 긴장시킨다. 두뇌는 혼란에 빠졌을 때 활발하게 움직인다. 글과 말에서 적절한 순간에 생각을 일깨우는 물음을 던져야 하는 이유다.

물론 복잡성의 수준이 적절한지도 꼭 살펴야 한다. 우리 두뇌는 끊임없이 '간'을 본다. 주어진 문제를 푸는 데 얼마나 시간이 드는지, 품은 얼마나 들지 등등. 해볼 만하다고 여길 때 우리 두뇌는 불타오른다. 흥미를 느끼며 풀이에 매달린다는 뜻이다. 반면, 너무 버겁다고 생각되면 관심을 놓아버린다. 다섯 줄짜리 퍼즐 풀이에는 눈을 반짝여도 500쪽 분량의 논문에는 눈빛이 흐려지는 이유다.

그럼에도 길고 어려운 주장을 펼쳐야 할 때도 있다. 이때는 '단서'와 '배경지식'을 일깨우는 작업이 꼭 필요하다. 다음 예를 살펴보자.

먼저 종류별로 나눈다. 그리고 서로 다른 통에 담는다. 다음에는

무엇부터 할지 순서를 정한다. 귀찮다고 한꺼번에 해치우기보다
비슷한 종류끼리 여러 번에 걸쳐 하는 쪽이 낫다.

무엇을 하라는 말인지 감이 오지 않을 것이다. 여기에 '빨래'라
는 단서가 주어지면 어떤가? 빨래라는 열쇳말이 있을 때 내용은
훨씬 쉽고 분명하게 다가온다. 내용을 갈무리해주는 제목과 소제
목은 그래서 중요하다.

또한 배경지식을 일깨워줄 때도 내용이 훨씬 녹록하게 다가온
다. 예컨대, "전류의 세기는 전압을 전기저항으로 나눈 것과 같다"
같은 설명은 막막하기만 하다. 이를 "물이 얼마나 잘 나오는지는
수압과 수도관의 크기에 따라 달라진다"라는 '비유'로 풀어주면
어떨까? 새로운 지식은 이미 알고 있는 것과 얽힐 때 비로소 '이
해'가 된다. 배경지식이 많은 사람이 학습 속도도 빠른 이유다.

내용을 얼마나 자세히 들려줄지도 잘 가늠해야 한다. 고르바초
프Mikhail Gorbachyev는 지루하게 말하기로 유명하다. 그이는 모든
일을 처음부터 끝까지 시시콜콜하게 이야기한다. 반면, 모든 명연
설은 짧고 간결하다. "왔노라, 보았노라, 이겼노라", "국민의, 국민
에 의한, 국민을 위한of the people, by the people, for the people" 같은 카
이사르와 링컨의 유명 문구를 떠올려보라. 이처럼 흥미진진하게
이야기를 풀어내는 이들은 '생략'의 묘미를 안다. 당연한 듯싶은

내용, 상대가 알고 있을 법한 부분은 과감히 날려버려라. 설사 알아듣기 버거울 만큼 내용을 덜어낸다 해도 인간의 두뇌는 이해해낸다. 보고 들은 내용을 원인과 결과로 이어가며 이야기로 엮으려는 두뇌의 '본능' 덕분이다.

마지막으로, 성격과 모양새에도 신경 써야 한다. 똑같은 이야기라도 누가 하느냐에 따라 느낌이 다르다. 매력적인 사람의 말은 귀를 솔깃하게 한다. 똑같은 내용이라도 갖춰진 무대에서 할 때와 시장판에서 할 때의 효과는 다르다. 뿐만 아니라 호소하는 내용일 때, 공감을 보내는 이야기일 때, 대책을 설득하려 할 때 등등 각각의 상황에 따라 어울리는 연사演士의 분위기는 다른 법이다.

우리 두뇌는 생각을 싫어한다. 흥미를 끌게끔 글을 쓰고 말을 하기는 그래서 어렵다. 그러나 두뇌는 생각하기 싫어해도 호기심은 많다. 무엇보다 두뇌가 입맛을 다시게끔 의견을 던지는 방법을 익혀야 하는 이유다. 아무리 좋은 주장도 상대의 두뇌가 졸고 있을 때는 소용이 없다.

:: 더 생각해보기
'식물의 광합성 작용'을 4C에 따라 흥미진진하게 설명해보자.

먼저 원인과 결과가 있는 '스토리'로 엮는 것이 중요합니다. 화분에서 키우는 콩, 집에서 키우는 난 등 관심을 끌 만한 식물을 예로 듭니다. 두 번째, 광합성 작용에서 부딪히는 문제 상황을 설명합니다. 예컨대, "물에만 꽂아 키우는 대나무가 양분 없이도 잘 자라는 이유는 무엇인가?" 등등의 물음을 던집니다. 세 번째, 광합성을 화학적으로 설명하면서 걸맞은 '비유'를 듭니다. 비유는 구체적이고 쉬운 것이어야 합니다. 활발한 광합성을 하는 식물의 푸르름 등 마음을 끄는 시각 자료를 제시하는 것도 필요합니다. 설명하는 이의 복장이나 차림새도 신경 써야 합니다. 예컨대, 농부 복장으로 설명할 때와 정장 차림으로 설명할 때 메시지의 느낌은 차이 나기 마련입니다. 말투도 다르지 않습니다.

41

관심과 흥미를 일깨우는 감정 공식
ECS

드라마는 속이 불편해야 재밌다. 사람들이 괜히 '막장 드라마'에 열광하겠는가. 갈등과 복수, 강렬한 기쁨과 슬픔이 숱하게 오간다. 마음이 편치 않은데도 좀처럼 화면에서 눈을 떼기가 어렵다. 이처럼 흥미진진한 스토리는 감정을 뒤흔든다.

편안한 드라마는 어떤가? 갈등도 아픔도 없는, 아름다움과 따뜻함만 가득한 이야기는? 좋은 이야기이긴 한데 졸음이 쏟아질 것이다. TV 리모컨의 다른 채널 버튼을 끊임없이 누르고 있을지도 모르겠다.

발표도 다르지 않다. 훌륭한 발표는 잘 짜인 드라마와 같다. 청중의 감정을 쥐고 흔든다는 뜻이다. 감정 변화 없는 모노톤^{monotone}의 연설은 '지적^{知的} 수면제'일 뿐이다. 그렇다면 어떻게 해야 청중의 감정을 일깨울 수 있을까?

■

두뇌 생리학자 존 메디나John Medina는 'ECSemotionally competent stimulus 이론'을 앞세운다. ECS란 '감정을 불러일으키는 자극'이라는 뜻이다. 위기와 위협, 성적 매력, 친숙하고 익숙한 것, 이 세 가지는 감정을 일깨우는 '묘약'들이다. 하나씩 살펴보자.

다음 두 표현을 견주어보라. "내년도 세계경제 흐름 분석", "급변하는 세계경제, 위기의 핵심은?" 둘 가운데 어느 쪽이 절절하게 다가오는가? 아마도 두 번째일 것이다. 우리의 두뇌는 위기와 위협을 가장 먼저 바라보게 되어 있다. 아무리 재미있는 이야기도 "불이야!"라는 절박한 외침 앞에는 소용이 없다. 살아야 한다는 생각이 머리를 가득 채우는 탓이다. 그렇다면 프레젠테이션 주제를 어떻게 짜야 할까? 듣는 사람이 주제를 위기와 위협으로 느끼도록 테마를 다듬어야 한다. "대학입시의 흐름과 대응전략"을 다룬다면 "치열해지는 대학입시, 수험생 생존 전략은?"과 같이 포인트를 주는 식이다.

성적 매력도 놓쳐서는 안 된다. 톱 모델은 대부분 젊고 아름답다. 여자인 경우에는 더 그렇다. 남자들은 지긋한 나이가 되어서도 앳된 여자에게 설렘을 느낀다. 왜 그럴까? 우리 두뇌가 그렇게 세팅setting되어 있기 때문이다. 인간도 동물이다. 동물인 이상 인간도 '종족 번식의 본능'에 휘둘린다.

왜 젊음은 매력적일까? 존 메디나에 따르면 임신을 잘할 수 있

■

기에 그렇단다. 카리스마 넘치는 남자, 자상한 남자가 매력적인 까닭은? 크게 다르지 않다. 이런 부류의 수컷이 후손을 잘 돌보지 않겠는가.

성적 매력에 따라 주제를 다듬어보자. "한류가 유럽에서 성공할 가능성은?"이라는 주제는 어떻게 바꾸면 좋을까? 싱싱하고 발랄한 아이돌 스타를 앞세우는 것이 좋을 듯싶다. "왜 프랑스는 소녀시대에 열광할까?"처럼 말이다.

광고 시장에서는 '성의 상품화' 논란이 끊이지 않는다. 온갖 비난이 쏟아져도 성적 표현과 노출은 줄어들지 않는다. 그만큼 성적 매력에 호소하는 방법은 효과적이다. 지적인 주제도 다르지 않다. 니트neat하고 스마트smart한 이성異性은 충분히 매력적이다.

친숙하고 익숙한 것도 관심을 끄는 중요한 코드다. 짐승들은 좀처럼 사는 곳을 벗어나지 않는다. 철새같이 떠도는 무리들도 다르지 않다. 대부분은 다니던 곳을 따라 옮겨 다닐 뿐이다. 인간도 마찬가지다. 친숙하고 익숙한 것에 우선적으로 눈길이 가고 발길이 향하게 되어 있다.

학창 시절의 이야기는 연예 프로그램의 단골 메뉴다. 남자들끼리 모이면 군대 이야기로 이야기꽃을 피운다. 왜 그럴까? 모두에게 학교, 대한민국 남자에게 군대는 친숙하고 익숙한 추억인 까닭이다.

■

반면, 생뚱맞은 주제는 관심을 모으기 어렵다. "인도의 '아힘사'와 리비아의 '자마히리야' 운동의 공통점은?" 이런 주제에 관심이 확 끌리는 사람이 얼마나 될까? 주제는 듣는 사람의 귀에 맞게 다듬어져야 한다. 그들에게 친숙한 낱말과 표현으로 바꿔야 한다는 뜻이다. 앞의 주제를, "인도의 성자^{聖子} 간디와 리비아의 독재자 카다피의 공통점은?"이라는 식으로 바꾸어보라('아힘사'는 간디가 내세웠던 비폭력저항운동을, '자마히리야'는 카다피가 펼쳤던 인민주권운동을 가리킨다). 주제가 훨씬 흥미롭게 다가온다.

마인드맵^{mindmap}을 만든 토니 부잔^{Tony Buzan}은 '90·20·8의 법칙'을 앞세운다. 평범한 사람들도 90분 동안 강의를 들을 수는 있다. 그러나 이 가운데 집중하는 시간은 오직 20분 남짓이란다. 그래서 부잔은 이렇게 충고한다. "90분 강의에서 20분마다 자극을 주어라. 그리고 8분마다 청중에게 참여할 기회를 주어라." 최소한 8분마다 듣는 이들에게 물음을 던져야 한다. 그래야 강의의 긴장감이 흐트러지지 않는다.

나아가 ECS는 청중을 일깨울 만한 자극을 찾는 데 도움을 준다. 어설픈 농담은 되레 발표 분위기를 얼어붙게 할 뿐이다. 자신의 이야기가 관심을 끌 수 있을지 불안한가? 그러면 ECS에 따라 내용을 점검해보자.

1. 내가 펼칠 이야기가 사람들이 품고 있을 위기감과 불안감을 건드리는가?
2. 내 이야기의 어떤 부분이 매력적인가?
3. 내가 말하려는 내용이 사람들에게 생뚱맞지는 않은가?

발표는 이 세 물음에 대해 확신이 생겼을 때 해야 한다. 설득은 머리를 향한다. 그러나 호소는 가슴을 향한다. 가슴이 움직이지 않으면 머릿속 생각도 바뀌지 않는다. 설득을 할 때 머리보다 가슴에 다가가는 방법을 먼저 고민해야 하는 이유다. 유능한 연설가는 청중의 감정을 쥐고 흔들 줄 안다. 위기와 위협, 성적 매력, 친숙하고 익숙한 것, ECS의 이 세 가지 차원을 끊임없이 되물어야 하는 이유다.

:: 더 생각해보기
다음 주제를 ECS에 따라 호소력 있게 고쳐보자.

1 한미 FTA의 장단점
2 반값 등록금 정책의 실현 가능성
3 D.I.Y.(소비자가 직접 조립·제작해야 하는 상품)가 물가 안정에 미치는 영향

다음 예시 답안을 참고해보세요. 각각의 답안에는 ECS의 세 측면, 즉 위기와 위협, 성적 매력, 친숙하고 익숙한 것이 담겨 있습니다.

1 한미 FTA의 장단점

: "자동차 수출이 우선인가? 농민들의 생존이 우선인가?"

2 반값 등록금 정책의 실현 가능성

: "나는 왜 문근영보다 많은 등록금을 내고 대학에 다녀야 할까?"

3 D.I.Y.가 물가 안정에 미치는 영향

: "허접스러운 책상이 70만 원? 직접 만들어보면 어때요?"

42

배를 띄우려면 짐을 버려라
문장 다이어트

스포츠나 연예 기사는 술술 읽힌다. 그런데 신문 사설은 스포츠 기사처럼 즐기기가 쉽지 않다. 스포츠나 연예 기사는 대개 '사실'만을 전한다. 누가 안타를 몇 개 쳤고, 연예인 아무개가 결혼했다는 사실은 흥미를 끈다. 그리고 읽고 재미있었으면 그만이다.

하지만 사설 같은 칼럼들은 다르다. 경제 정책, 정치 현안, 외교 갈등 등 사설은 문제들을 지적하며 생각거리를 던진다. 독자는 필자의 주장을 '이해'하고 이를 받아들일지 가늠하는 재판관 위치에 놓인다. 그러니 눈썹에 힘을 주고 옳고 그름을 따질 수밖에 없다. 이해하며 글을 따라가야 하니 읽기에도 속도가 안 붙는다. 그래서 논리적인 글에는 흥미를 붙이기 어렵다.

독자 입장에서 생각해보자. 논리와 주장을 담은 글을 손쉽게 읽게 하는 방법은 무엇일까? 배가 뜨기 힘들 만큼 짐이 무거우면 다른 것을 버려서 무게를 줄여야 한다. 글쓰기도 마찬가지다. 내용이 어렵다면 형식이라도 가볍고 쉽게 바꾸자. 글 형식의 기본은 '문장'이다. 똑같은 내용이라도 어떻게 문장을 쓰느냐에 따라 읽는 어려움이 확 바뀐다. 논리적인 글에는 당연히 가볍고 쉬운 문장이 좋다. 논리적인 글에 어울리는 문장은 어떤 모습일까?

첫째, 문장은 짧아야 한다. 짧고 분량이 적을수록 이해하기 쉽다. 복문은 단문으로, 단문은 더 간단한 표현으로 바꾸어보자. "IMF 사태는 빈익빈 부익부 현상을 극대화시켰고, 부동산 가격 폭등과 출산율 감소 등 사회 전반에 엄청난 영향을 미쳤다"라는 문장을 예로 들어보자. 두 개 이상으로 이어진 문장은 하나씩 쪼개어 단문으로 만든다. "IMF 사태는 빈익빈 부익부 현상을 극대화시켰다. 또한 부동산 가격 폭등과 출산율 감소 등 사회 전반에 엄청난 영향을 미쳤다." 이렇게 말이다.

나아가 한자어는 간결한 우리말 표현으로 바꾸어주자. 한자어는 우리말로 옮겼을 때 그 뜻이 더 쉽게 다가온다. 앞의 문장을 계속 고쳐보자. "IMF 사태는 가난한 사람과 부자의 차이를 더욱 벌려놓았다. 또한 부동산 값을 크게 올렸고 태어나는 아기들의 수도 줄여놓았다. 그만큼 사회 전체에 커다란 흔적을 남겼다." 어떤가? 똑같은 뜻이라도 훨씬 쉽게 다가오지 않는가?

둘째, 표현 가운데 필요 없는 것들은 과감히 없애버리자. 작가 스티븐 킹은 '수정본=원본-10퍼센트'라는 공식까지 내세운다. 글을 쓰다 보면 쓸데 없는 꾸밈말들이 잡초처럼 돋아난다. 없어도 말이 되는 표현들은 주저 없이 잘라버리자. 예컨대, "확실히 그의 철학은 인간 이성에 낙관적인 기대를 갖고 있던 근대 사상계가 보지 못한 커다란 맹점을 지적해주었다"라는 문장 속에는 숱하게 겹치는 말들과 필요 없는 꾸밈말들이 담겨 있다. 잡초를 말끔하게 뽑아보자. "그의 철학은 인간 이성을 믿었던 근대 사상이 보지 못했던 부분을 일깨웠다." 긴 수식어가 없을수록 전달하는 바는 더 분명해진다.

셋째, 문장의 꼬리만 잘라도 문장의 속도가 한결 빨라진다. 문장 끝에 붙는 '할', '수', '있는', '것' 등등은 필요 없는 낱말이다. 소설가 안정효는 이런 꼬리들을 가차 없이 날려버리라고 충고한다. 신중에 신중을 거듭하다 보면 문장 꼬리는 자꾸만 길어진다. "그래서는 안 된다"로 충분할 것이, "그래서는 아니 되는 것이었다" 식으로 길어져버린다. 미묘한 차이를 살리기 위해서다. 하지만 표현이 길어지면 되레 자신이 뜻한 바는 더 흐려짐을 명심하자. 깃털이 되는 자잘한 표현이 관심을 잡는 탓에 정작 몸통에는 신경을 덜 쓰게 되는 탓이다.

논리적인 글에서 문장은 짧고 속도감 있을수록 좋다. 그러나 글쓰기 초보자들에게는 짧은 문장이 버거울 때도 있다. 분량이 정해진 글쓰기에서는 특히 그렇다. 가뜩이나 양을 채우기 힘든데, 문장까지 짧아지면 어쩌겠는가. 마감 분량이 마라톤 결승점만큼이나 멀게 느껴질 것이다.

분량 메꾸기가 어렵다면 방법은 있다. 문장을 늘이려 하지 말고 내용을 더 채워라. 글의 분량만 늘리는 작업은 술에 물 타는 일이 되기 쉽다. 양이 늘어날수록 논점이 흐려지고 내용이 성기게 된다는 뜻이다.

내용을 늘려야 한다면 뜻한 바를 더 분명하게 하는 쪽으로 가닥을 잡자. 주장하는 바에 대한 예를 들어주거나 마무리를 하며 앞의 주장을 정리하는 단락을 넣는 것이 좋다. "예를 들어보자. 다음과 같은 경우가 있다." 이렇게 구체적인 예를 들어주거나 다음과 같이 글 전체를 간추려보자. "이제 논의를 정리해보자. 앞에서 나는……."

감성을 일깨우는 멋진 표현은 그 자체로 아름다운 즐길 거리다. 그러나 논리적인 글에서 문장의 생명은 분명하고 빠른 이해에 있다. 다이어트하듯 문장에서 군살을 없애자. 가벼워진 문장은 내가 뜻한 바를 독자에게 더 뚜렷하게 전해준다.

·

:: 더 생각해보기

다음 글을 '논리적인 문장'으로 짧고 쉽게 다시 써보자.

"감각적 쾌락만으로는 결코 행복해질 수 없음을 깨달은 사람은 비로소 두 번째 단계인 '윤리적 단계'에 따른 삶을 살게 된다. 쾌락만을 좇아 무비판적으로 사는 것이 아니라 인간으로서의 보편적 가치와 윤리를 따르는 생활을 하는 것이다."

문장을 일단 단문으로 쪼개어놓습니다. 그런 후 한자어는 되도록 쉬운 우리말로 바꾸어줍니다. 문장 작성의 기본은 '더 알아듣기 쉬운 글'을 만드는 데 있습니다. 다음의 예시 답안을 참고하세요.

"감각이 주는 즐거움만으로는 행복해지지 못한다. 이 사실을 깨달은 사람은 두 번째 단계인 '윤리적 단계'를 산다. 생각 없이 즐거움만을 좇지 않고, 누구에게나 통할 법한 가치와 윤리를 따른다는 뜻이다."

43

은근한 결론은 설득력이 두배
논리 관심법

혼잡한 지하철 안, 앉아 있는 젊은 여자와 그 앞에 선 잘생긴 남자 사이에 수줍은 눈빛이 오간다. 둘은 모르는 사이다. 서로 외면하고 마주치기를 몇 차례, 마침내 여자가 살짝 웃으며 머뭇거리듯 말한다. "저 다음 역에서 내려요."

인기를 끌었던 광고의 장면이다. 왜 여자는 "저 다음 역에서 내려요"라고 했을까? 설명하지 않아도 우리는 그 이유를 안다. 남자에게 마음이 끌렸기 때문이다. 만약 여자가 "이런 마주침도 인연인데 우리 사귈까요?"라고 했다면 어떨까? 설렘과 달콤함은 단번에 반으로 줄어버린다. 이처럼 결론은 노골적일 때보다 감추어졌을 때 더 강렬하게 다가온다. 또 다른 광고 문구를 예로 들어보자.

"프로는 아름답다. 그녀는 프로다."

■

266

이 두 문장은 독자들을 "(따라서) 그녀는 아름답다"는 명쾌한 삼단논법의 결론으로 이끈다. 그런데 광고 문구에서 이 결론은 빠져있다. 왜 뺐을까? 결론을 직접 보여주기보다 독자 스스로 깨닫게 할 때 호소력이 더 커지기 때문이다.

이제 자신이 일상에서 펼치는 논리들을 되돌아보자. 자신이 얼마나 훌륭하고 잘난 사람인지 자랑하고 싶은가? 아니면 누군가의 파렴치한 행동을 세상에 고발하고 싶은가? 이럴 때는 주장을 펼치지 말고 그렇게 생각하는 이유들만을 조목조목 나열해보라.

예컨대, 아우슈비츠에서 살아남은 철학자 빅터 프랑클Viktor Frankl은 나치의 잔인함을 대놓고 비난하지 않았다. 수용소 생활 하나하나를 그의 책들 속에 담담하게 그려냈을 뿐이다. 부모 형제의 시체를 태우는 건물 옆에서 일해야 하는 유대인들, 눈을 부릅뜬 시체를 마주하고서도 너무 배가 고파 허겁지겁 마른 빵 조각을 입 안에 몰아넣는 자신의 처지 등등. 그의 글 속에는 '살인마', '악마' 등등의 격한 표현이나 증오는 한 마디도 등장하지 않는다. 그럼에도 프랑클의 글을 읽는 독자들은 나치의 만행에 치를 떨게 된다.

설득 기술은 토끼몰이와 비슷하다. 날뛰는 토끼를 뜀박질로 잡기는 어렵다. 올가미를 미리 만들어놓고, 그쪽으로 토끼를 몰아가라. 올가미 쪽으로 난 길은 외통수이기 마련, 토끼는 열심히 달리

다가 스스로 덫에 걸려든다.

설득도 마찬가지다. 이유와 근거를 꼼꼼하고 담담하게 나열해 주라. 그리고 최종 판단은 상대방에게 맡겨두어야 한다. 논리를 정교하게 설계했다면 상대는 나의 의도대로 결단을 내릴 것이다.

유능한 작가는 절제의 미덕을 안다. "나 보기가 역겨워 가"시는 님에게 "죽어도 아니 눈물 흘리"는 모습은 처연한 감동을 주지만 옷을 찢으며 목 터져라 우는 모습은 난감할 따름이다. 감동과 수긍은 상대의 몫이다. 내 말에 스스로 감동하여 울먹거리는 지경까지 나가지 마라. 최종 결론은 상대의 손에 넘기는 미덕을 발휘해야 논리는 비로소 위력을 발휘한다.

반면, 최종 판단을 내게 넘기는 상대를 만났을 때는 항상 그 결론을 분명하게 확인해야 '논리 토끼몰이'에서 벗어날 수 있다. 무협지의 흔한 장면을 예로 들어보자. 늙은 두목은 분노에 찬 패거리들 앞에서 주인공에게 말없이 칼을 내민다. 주인공은 떨리는 손으로 칼을 받아든다. 그다음 이야기는 당연히 원수를 갚는 내용이다.

만약 그 후에 주인공이 살인죄로 붙잡혔다면 어떨까? 이때 두목이 살인을 지시했고, 나는 거기 따랐을 뿐이라고 변명할 수 있을까? 이 상황에서 두목은 칼을 전해주었을 따름이다. 살인 지시는 주인공의 머리로 '해석'된 결과이지 '사실'은 아니다.

일상의 많은 부분이 이처럼 결론을 떠넘기는 논리로 이루어진다. 학원 광고에는 곧잘 명문 대학의 교표가 등장하고, 대출 서비스 홍보에는 고급스러운 휴양지의 모습이 등장한다. 상대는 내가 어떤 판단을 내리기를 바랄까? 누구도 학원만 다니면 좋은 대학에 간다고 말한 바 없다. 대출을 받으면 생활이 한결 여유로워지리라 약속한 이도 없다. 그럼에도 우리는 기대를 '당연한 결과'로 받아들이고 쉽사리 상대의 의도에 말려들고 만다.

후고구려를 세운 궁예는 관심법觀心法으로 사람들을 휘둘렀다. 관심법이란 마음을 눈으로 들여다보듯 속속들이 읽는 기술이다. 일상의 논리에도 관심법이 필요하다. 설득이란 결국 상대방이 마음의 물결을 스스로 돌리게 하는 작업이다. 상대방이 어떤 결론을 원하는지를 먼저 가늠해보자. 그리고 논리를 펼치기 전에 나 자신은 상대가 어떻게 결정 내리기를 원하는지도 되물어보라. 마음을 읽으면 논리도 보인다.

:: 더 생각해보기

다음 논의가 암시하는 결론이 무엇인지를 한 문장으로 적어보자.

1 "엘리트들은 스마트 청바지를 입습니다."

2 과거 조선과 소련의 공통점은 경제보다 이념을 앞세웠다는 데 있다.

■

이런 국가들은 모두 사라진 반면, 자유 경쟁을 통해 생산성을 높여왔던 나라들은 살아남았다. 최근에는 경제 논리보다는 인권과 평등 같은 이념을 중요하게 여겨야 한다는 목소리들이 많다.

3 미국의 어느 학교는 교내에서 패스트푸드 판매를 금지했다고 한다. 그리고 급식도 채소와 건강식품 위주로 바꾸었다. 그러자 몇 년 만에 학교 폭력이 절반 이하로 줄어들었다. 최근에는 음식과 폭력적인 성격의 관계를 증명하는 논문들이 많이 나오고 있다. 그런데 우리나라 학교 급식에는 가공식품이 유난히 많다. 아이들이 좋아하고 가격도 적당하다는 이유에서다.

우리의 생각은 분위기에 휩쓸리기 쉽습니다. 글이나 말의 논의를 따라가기에 앞서 전체 분위기를 가늠해봅시다. 그리고 상대가 원하는 결론이 무엇인지를 짚어봅시다. "뭘 주장하려는 건데? 한마디로 하자면?" 이런 식의 물음을 마음속으로 던져보세요. 그리고 한 낱말, 혹은 한 문장으로 상대의 결론을 정리해봅시다. 그 결과가 과연 바람직한지, 따를 만한지를 냉철하게 분석해봅시다. 자신이 설득을 펼쳐야 하는 경우에는 정반대의 과정을 따릅니다. "내가 주장하려는 바가 뭔데? 한마디로 하자면?" 이 물음에 딱 부러지는 답이 나와야 합니다. 또한 상대가 내 말을 받아들일 만한지, 주장 그 자체로 바람직한지도 충분히 따져본 후 설득을 펼쳐야 합니다.

44

어젠다 세팅
단결할 때는 '명분'에,
공격할 때는 '이익'에 주목하라

19세기 말, 서양은 아시아를 우악스럽게 집어삼켰다. 덩치 큰 중국도 종이호랑이일 뿐이었다. 이대로 가다간 아시아 전부가 서양의 식민지가 될 판이었다. 눈치 빠른 일본은 제일 먼저 서구 세계에 무릎을 꿇었다. 그러곤 서구의 앞선 과학기술을 빨아들였다.

마침내 일본은 러시아를 이길 정도로 힘이 세졌다. 그때부터 일본은 자신 있게 외쳐댔다. 이제 아시아도 하나로 똘똘 뭉쳐 서양에 맞서야 하지 않겠는가? 서구 세계는 '민주주의'를 한답시며 우쭐 댄다. 하지만 동양의 눈으로 볼 때 이는 위아래도 못 가리는 '상놈의 문화'일 뿐이다. 어떻게 부모 자식, 형 아우가 똑같이 '평등'하단 말인가? 아시아 전통에서는 부모와 자식, 형과 아우가 있어야 할 위치, 해야 할 역할이 다르다. 그러면서도 서로 화목하려고 애쓴다. 이 점은 아시아의 여러 나라가 다르지 않다. 그러면 아시아에서 '어른'은 누구인가? 가장 먼저 머리가 깬 '일본'이다. 아시아 여러 나라는 일본을 중심으로 똘똘 뭉쳐 서양 오랑캐에 맞서야 한다. 가장을 중심으로 하나가 되는 가족처럼 말이다. 이른바 '대동아공영권'이라 불리는 주장이다.

이런 비슷한 논리는 우리 주변 곳곳에서 펼쳐진다. 북한은 '미제美帝' 침략자에 맞서 '우리 민족끼리' 똘똘 뭉치자며 소리 높인다. 기업가들은 또 어떤가. 어느 회사나 맞수인 기업이 있기 마련이다. 기업가들은 숨을 죄어오는 상대에게 먹히지 않기 위해 자신을 중심으로 힘을 모으자고 주장한다.

적敵이 분명할수록 다양한 요구와 주장을 잠재우기가 쉬워진다. 경쟁에서 살아남기도 벅찬데, 자기 몫을 챙기겠다고? 적이 뚜렷한 상황에서는 당연한 주장도 돼먹지 못한 소리로 다가온다. '어젠다 세팅agenda setting'은 그래서 중요하다. 어젠다란 논의의 쟁점을 말한다. 논쟁에서 이기려면 모두가 고개를 끄덕일 만한 어젠다를 세워야 한다.

예컨대, 독재자들은 '조국 수호', '경제 발전' 등의 어젠다를 끊임없이 들이댄다. 다양한 주장은 이런 어젠다 앞에서 속절없이 무너진다. 자기 권리를 외치는 목소리에는 "적을 이롭게 한다", "사회를 혼란시키는 주장이다"라는 꼬리표가 달릴 뿐이다.

반면, 똘똘 뭉친 적을 무너뜨리는 어젠다들도 있다. 예컨대, 미국의 대통령이었던 링컨은 어젠다를 통해 상대를 무너뜨렸다. 그가 주장한 '노예 해방'은 상대편인 민주당을 무너뜨린 요긴한 어젠다였다.

미국 북부에는 공장이 많았다. 그곳에서의 생산은 주로 기계로 이루어졌다. 따라서 노예는 그다지 도움이 되지 않았다. 남부는 사정이 달랐다. 남부의 목화 농장은 드넓었다. 목화를 수확하는 데는 세세한 사람 손이 필요했다. 그만큼 노예가 절실했던 것이다. 링컨이 '노예 해방'을 내세우자 민주당은 쉽게 맞대응하지 못했다. 당 안에서도 남부와 북부의 의견이 갈린 탓이다.

만약 공화당이던 링컨이 '민주당 타도'를 어젠다로 내세웠으면 어땠을까? 민주당은 되레 하나가 되었을 것이다. '우리'의 색깔이 분명해질수록 같은 편끼리는 힘을 합친다. 따라서 논쟁에서 이기고 싶다면 상대 진영을 흩어버릴 어젠다를 던져야 한다. 어떤 어젠다가 적절할까?

"상대편 사이에서 이해가 갈리는 지점은 무엇인가?"

논쟁에서는 이 물음을 항상 가슴에 품어야 한다. '근무 환경 개선'이라는 어젠다 앞에서는 모든 노동자가 하나가 된다. 하지만

'근무 환경 개선'을 이해관계에 따라 쪼개보라. '근무 연수에 따라 보너스 지급', '성과에 따른 보너스 지급' 등등. 노동자들의 입장은 제각각으로 흩어져버린다.

'보수', '진보' 논쟁도 마찬가지다. '보수'라는 깃발 아래 있다고 해도 어젠다가 섬세해지면 진영은 쪼개져버린다. '자유로운 경쟁과 성과 보장', '시장 경제'라는 어젠다 아래에서는 모든 보수가 하나다. 그러나 '외국 부자들에게 부동산 시장 개방', '의료보험 축소' 등의 어젠다 앞에서는 어떤가? 생각은 제각각 갈라지며 떠들썩해진다. 이 점은 진보 측도 다르지 않다.

반면, 모두의 힘을 하나로 합치게 하는 어젠다는 무엇일까? 어젠다는 추상적일수록, 그리고 '적'이 누구인지 분명하게 보여줄수록 사람들을 끄는 힘이 커진다.

"'공공의 적'은 누구인가?"
"모두가 절절하게 바라는 것은 무엇인가?"

단결을 이끄는 어젠다는 이 두 물음에 딱 떨어지는 답을 준다. 제1차 세계대전에서 진 독일은 무척 비참한 처지였다. 사회가 어려울수록 시민들의 바람을 모으기는 더 쉽다. 사람들은 '누구 때문에', '무엇 때문에' 고생하는지 알려 하기 때문이다. 그래야 막막한 현실을 대놓고 원망하지 않겠는가.

히틀러는 이 두 질문에 분명한 답을 내놓았다. 누구 때문에 고생하냐고? '유대인'들 때문이다. 그들이야말로 '공공의 적'이다. 독일이 절절하게 바라는 바가 무엇이냐고? 무너진 살림살이를 되살리고 독일의 자존심을 다시 세우는 것이다!

이런 어젠다는 논리와 상관없이 호소력을 갖는다. 사람들은 진실보다 듣고 싶은 이야기에 더 끌리는 법이다. 선거 때마다 헛헛한 공약空約들이 왜 인기를 끌겠는가? 문제의 해법을 속 시원하게 내세우는 주장은 실현 가능한 대안보다 호소력이 있다.

전투에서 이기려면 전쟁터를 잘 잡아야 한다. 산에서 싸울 때는 활을 쏘는 군인이 유리하다. 반면, 너른 평야에서는 말을 탄 병사가 위력적이다. 어젠다도 다르지 않다. 어젠다를 정하는 일은 전쟁터를 잡는 것과 같다. 사람들의 절절한 바람은 무엇인가? 이익을 둘러싼 갈등의 핵심은 무엇인가? 논쟁에서 이기고 싶다면 이 둘의 답을 주는 어젠다부터 먼저 찾을 일이다.

:: 더 생각해보기

다음 상황에서 '단결'과 '분열'을 이끌 만한 어젠다를 각각 제시해보자.

■

"우리 대학의 신입생 지원율이 점점 떨어진다고 합니다."

추상적인 수준의 구호에는 사람들이 쉽게 수긍하지만 구체적인 이해 관계 앞에서는 여러 입장이 갈리기 마련입니다. 단결을 이끌 때는 공익을 채워주는 추상적인 어젠다를, 분열을 유도할 때는 이익과 손해가 분명하게 갈리는 어젠다를 던지는 것이 좋습니다. 다음 예시 답안을 참고하세요.

"우리 대학의 신입생 지원율이 점점 떨어진다고 합니다."

→ "우수한 학생 확보로 라이벌 XX대학을 이기자!"(단결)

→ "재정 확충, 교원 평가제 퇴출만이 추락하는 학교를 구원할 길이다!"(분열)

Epilogue

철학자의 설득법
"따뜻한 가슴에 건전한 이성"

학위를 딴다는 것은 멋진 일이다. 2006년 나는 '공부를 위한 공부'에 마침표를 찍었다. 그리고 '세상이라는 큰 책'을 공부하기 시작했다. 더 이상 논문을 써야 한다는 부담에 시달리지 않아도 되었기 때문이다. 세상에는 철학 말고도 흥미를 끄는 공부가 얼마든지 있었다. 문학, 역사, 심리학, 사회학, 정치학, 경제학, 경영학 등등 나는 마음 끌리는 대로 다양한 책을 보고 글을 썼다.

물론, 인문학도에게 가장 큰 연구 주제는 언제나 '사람'이다. 임상 철학자인 나의 일상은 대부분 사람을 만나는 일로 채워진다. 나는 사람들에게 더 이상 소크라테스를, 소피스트를 설명하지 않는다. 소크라테스처럼 '철학'하고, 소피스트들처럼 '논쟁'할 뿐이다. 이 책에서 했던 작업도 다르지 않다. 나는 소피스트 수사학 자체가 아닌, 소피스트처럼 설득하는 법을 다루었다.

눈 밝은 독자라면 나의 시도가 소피스트들이 하려는 바와 엇박자를 내고 있음을 느꼈을 것이다. 소피스트의 수사학은 이성과 감성을 뒤흔든다. 상대의 판단을 흐려서 자신이 의도한 결론으로 끌려오게끔 하기 위해서다.

반면, 나는 소피스트의 설득법을 해독解毒하는 데 방점을 두었다. 논리를 꿰고 있는 이들이 생각을 어떻게 흐트러트리는지, 여기에 말려들지 않으려면 어찌해야 하는지를 공들여 설명했다.

소피스트 수사학은 양날의 칼이다. 이익에 눈먼 사람에게도, 진리를 사랑하는 이들에게도 소피스트 수사학은 요긴한 설득 도구다. 소크라테스는 소피스트와 똑같은 기술로 그들의 궤변을 무너뜨렸다. 소피스트 수사학은 철학자의 설득법이기도 하다.

모든 속임수는 상대방의 욕망을 일깨우며 판단을 흐리는 데서 출발한다. 예컨대, 탐욕을 부리는 이들이 사기꾼에게 걸려들고, 사랑에 목마른 자들이 '꽃뱀과 제비'에게 낚이는 법이다. 건전한 이성으로 욕망을 다스리는 사람, 따뜻한 가슴에서 애정이 피어나는 사람은 삿된 설득에 말려들지 않는다. "소크라테스처럼 따뜻한 가슴과 건전한 이성을 갖출 것." 이 책의 결론은 이 한마디로 간추릴 수 있겠다.

마지막으로 감사의 말을 전할 차례다. 《철학자의 설득법》은 김형보 대표와 함께 한 네 번 째 작업이다. 그리고 이경란 편집자와는 첫 만남인 책이다. 열정적인 마케터 이상호 부사장과의 교감도 흥미로웠다. 머리를 맞대는 동안 오랜 우정과 새 인연因緣의 설렘을 함께 느끼곤 했다. 맑은 영혼들과 함께하는 시간은 언제나 즐겁다.

나는 이 책의 원고들을 여기저기 연재하며 조금씩 모아왔다. 오롯하게 책 한 권 분량이 쌓일 때까지는 7년 가까운 세월이 필요했다. 이미경, 민소연, 지선영 선생님 등 원고를 다듬고 조언을 주셨던 모든 분들께 감사를 드린다.

나의 학생들은 언제나 내게 깊은 영감靈感을 안긴다. 내 모든 책들은 그들에게서 왔고, 또한 그들을 위해 쓰였다. 청운靑雲의 꿈을 틔워가는 그들의 치열함에 열렬한 응원을 보낸다.

이 책을 쓰는 동안 아기였던 종석이와 지원이는 중학교에 갈 만큼 자라났다. 아내와 부모님의 얼굴에도 세월의 흔적이 역력하다. 공부를 핑계로 늘 자리에 없었던 가장으로서 미안함을 전한다. 《철학자의 설득법》은 나의 열한 번째 저서다. 책마다 숱한 이들의 희생과 헌신이 있었다. 나는 그들에 대한 고마움을 결코 잊지 않을 것이다.

철학자의 설득법

초판 1쇄 발행 2012년 9월 19일
초판 8쇄 발행 2023년 8월 3일

지은이 | 안광복
발행인 | 김형보
편집 | 최윤경, 강태영, 임재희, 홍민기, 김수현
마케팅 | 이연실, 이다영, 송신아
디자인 | 송은비
경영지원 | 최윤영

발행처 | 어크로스출판그룹(주)
출판신고 | 2018년 12월 20일 제2018-000339호
주소 | 서울시 마포구 양화로10길 50 마이빌딩 3층
전화 | 070-5080-4037(편집) 070-8724-5877(영업) 팩스 | 02-6085-7676
e-mail | across@acrossbook.com

ⓒ 안광복 2012

ISBN 978-89-97379-07-1 03100

만든 사람들
편집 | 이경란
교정교열 | 윤정숙
디자인 | 박진범
본문조판 | 성인기획